8° L⁵ₕ
1731

COMBAT de SIDI BRAHIM

23, 24, 25, 26 Septembre 1845,

PAR LE CAPITAINE A. PERNOT

AD WEICK
Libraire-Editeur
S' DIÉ
(Vosges)

COMBAT

DE

SIDI-BRAHIM

23, 24, 25 & 26 Septembre 1845

PAR

LE CAPITAINE A. PERNOT

du 10ᵉ Bataillon de Chasseurs

---*---

ILLUSTRATIONS

de **V. BAUMANN**, Lieutenant au 10ᵉ Bataillon de Chasseurs

Ad. WEICK
ÉDITEUR-IMPRIMEUR
SAINT-DIÉ-DES-VOSGES

Première Partie

Avant-Propos.

I. Préliminaires.

II. Journée du 23 Septembre.

III. Journées des 24 et 25 Septembre.

IV. Journée du 26 Septembre.

AVANT-PROPOS

La carrière des armes a ses devoirs et ses obligations.

Sidi-Brahim, le plus grand épisode de nos guerres d'Afrique, montre quels sacrifices l'honneur militaire exige du soldat.

Là, trois cent cinquante chasseurs du 8ᵉ bataillon, soixante hussards du 2ᵉ régiment, se sont battus contre six mille Arabes conduits par Abd-el-Kader.

Quatre-vingts carabiniers ou chasseurs du 8ᵉ bataillon ont lutté au marabout de Sidi-Brahim, pendant trois jours et trois nuits. Un contre cent.

Ils combattirent pied à pied, sans jamais désespérer, puis, lorsque tout fut perdu fors l'honneur, les survivants se firent jour à travers les postes arabes, pour succomber ensuite, dans une lutte presque fabuleuse qui devait immortaliser, avec les noms de ces hommes intrépides, le numéro du 8ᵉ bataillon et l'arme entière des chasseurs à pied.

Le passé répond de l'avenir.

Chasseurs, élevez vos cœurs, recevez des héros de Sidi-Brahim l'exemple qui fortifie les âmes, ranime le courage, l'espérance et la foi, pour suivre sans défaillance le chemin que le devoir a tracé.

I

PRÉLIMINAIRES

> « Que leurs fantômes glorieux,
> « Guident nos pas dans la bataille... »
> *Chant de Sidi-Brahim.*

AU commencement de l'année 1845, de sanglantes insurrections éclataient dans les provinces d'Oran et d'Alger. La plupart des tribus, surtout celles de l'Ouest, entraînées par les prédications de l'Emir réfugié au Maroc, donnent le signal de la guerre en courant aux armes.

Les mouvements combinés de nos colonnes n'imposent qu'une soumission plus apparente que réelle, une sourde menace gronde sur toute la province d'Oran, les tribus qui n'osent se déclarer ouvertement contre nous, n'attendent que l'occasion favorable pour se rallier à la révolte.

Le 10 septembre, l'apparition d'Abd-el-Kader chez les Traras donne le signal du soulèvement. Faisant aussitôt face au danger, le général Cavaignac dirige de Tlemcen contre les Traras une colonne de 1.500 fantassins et de 300 chevaux, dont les mouvements doivent se combiner avec ceux d'un détachement parti de Lalla-Marghnia avec le Lt-Colonel de Barral du 41e de ligne, qui doit rallier le 22 septembre, le gros de la garnison de Djemmâ et le Lt-Colonel de Montagnac.

Les colonnes comprennent :

Colonne Cavaignac

Le 2ᵉ bataillon de zouaves,
2 bataillons du 15ᵉ léger,
1 bataillon 1/2 du 41ᵉ de ligne,
2 escadrons de chasseurs d'Afrique,
4 pièces d'artillerie de montagne,
50 sapeurs du génie.

Colonne de Barral

Le 10ᵉ bataillon de chasseurs d'Orléans,
1 bataillon du 15ᵉ léger,
2 escadrons du 4ᵉ chasseurs d'Afrique,
2 obusiers de montagne.

La colonne de Barral très affaiblie par l'état sanitaire du poste de Lalla-Marghnia, ne doit intervenir qu'après l'occupation des crêtes par la colonne Cavaignac. Celle-ci atteint le 17 le camp de Sidi-Ben-Nouar à la limite des Ghossels et des Traras, le 22 elle passe la Tafna au gué de Mecheia-Gueddara, et occupe malgré l'opiniâtre résistance de l'ennemi le village des Ouled-Zekri. Culbutés dans les ravins, les Arabes reviennent à la charge le lendemain avec un entrain et une impétuosité auxquels nous n'étions pas habitués. Malgré un nouvel échec que lui infligent les zouaves du 2ᵉ bataillon, les bivouacs arabes retentissent le soir de cris d'allégresse et de coups de fusil. Nous allions bientôt apprendre la signification de ces bruyantes démonstrations.

Dans la nuit du 24, précédée par le 15ᵉ léger, la colonne Cavaignac remonte l'Oued-Hamman et occupe, après un rude combat, la forte position de Bal-el-Nar. Maîtresse des hauteurs, elle peut agir de toutes parts, surtout contre les Beni-Snassen ; mais l'acharnement

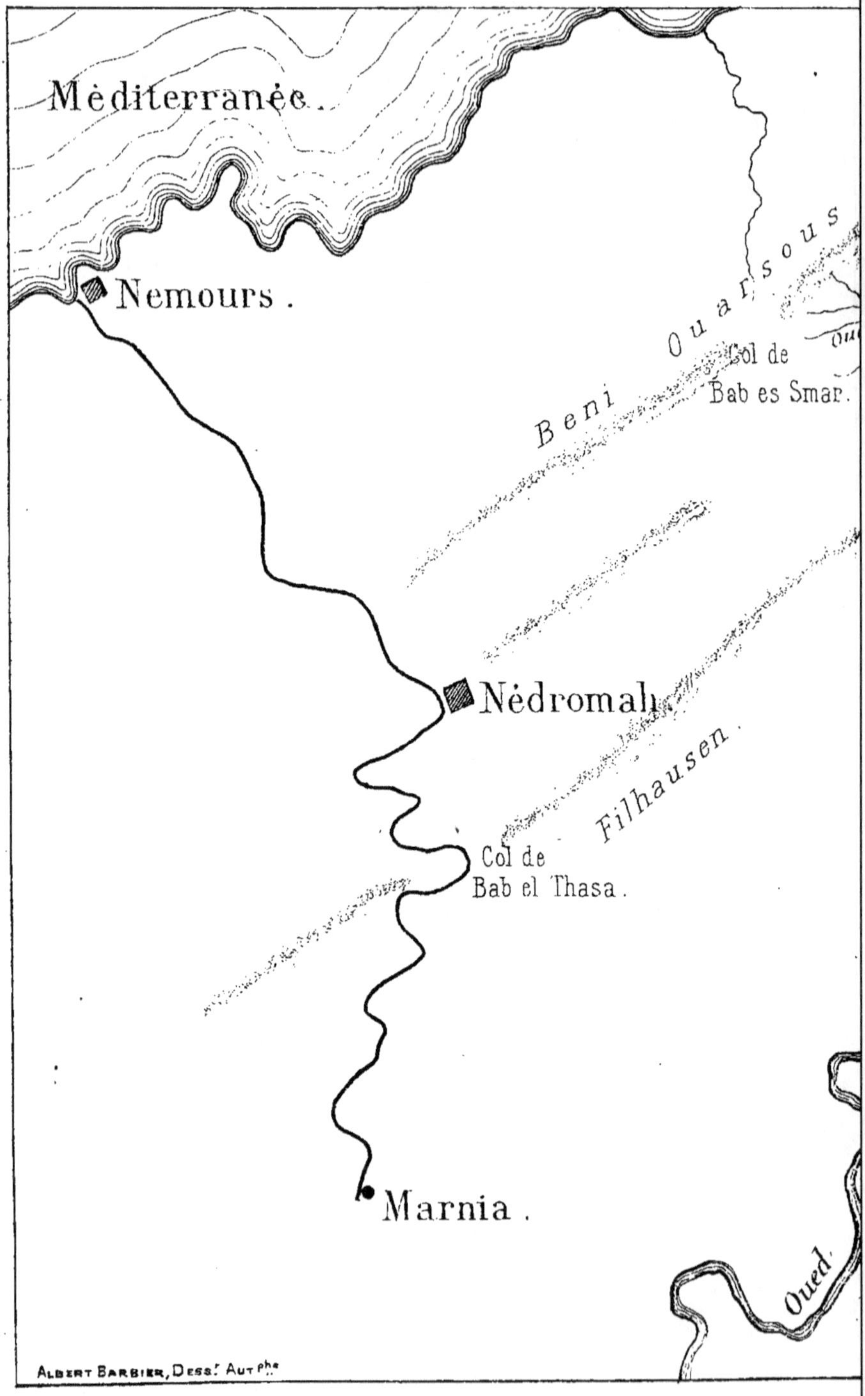

Méditerranée.

Nemours.

Beni Ouarsous

Col de Bab es Smar.

Nédromah

Filhausen

Col de Bab el Thasa.

Marnia.

Oued.

Albert Barbier, Dess.! Aut phe

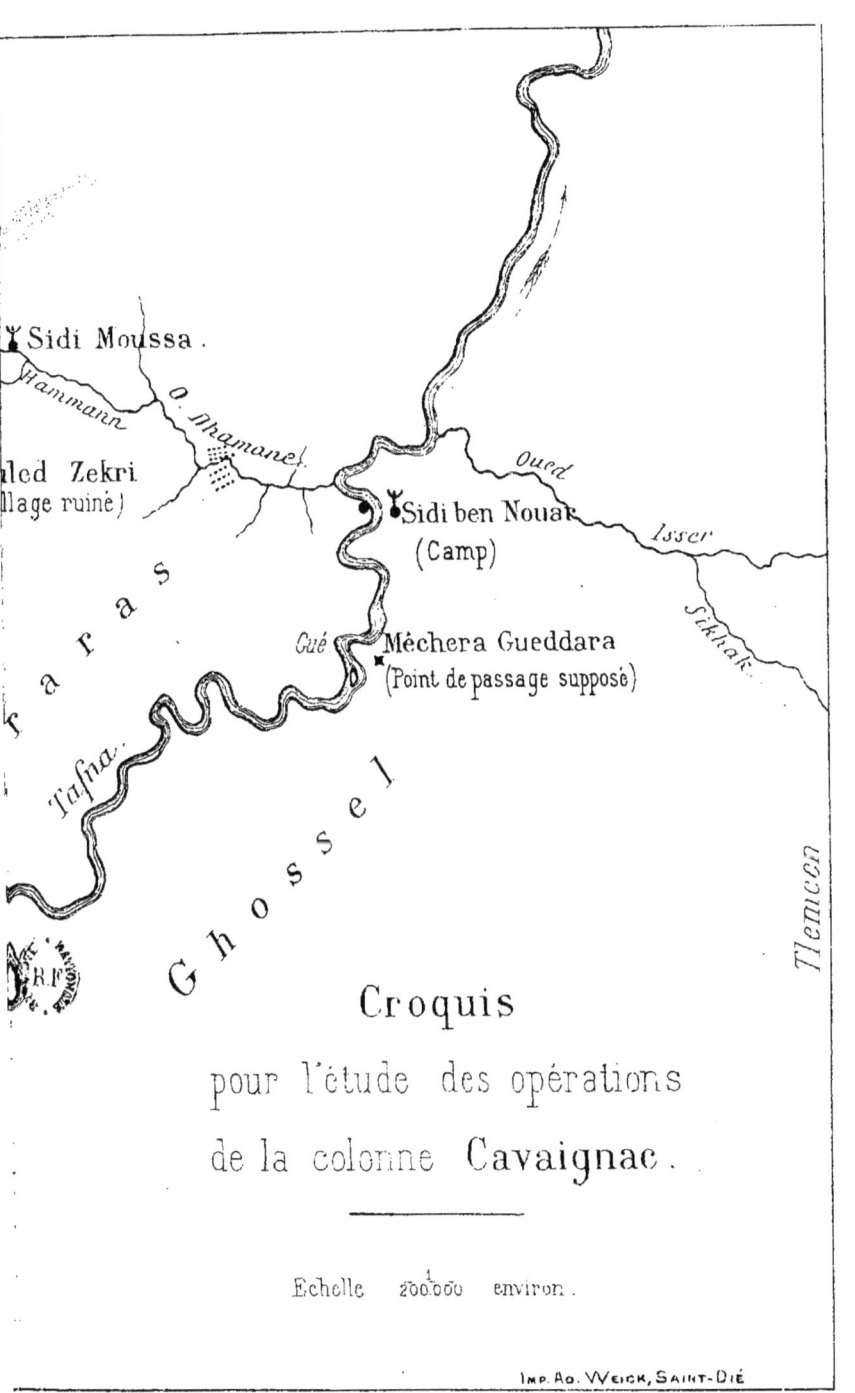

Croquis pour l'étude des opérations de la colonne Cavaignac.

Echelle 1/200.000 environ.

de la lutte et l'attitude de l'adversaire, confirment le général dans la certitude de graves événements. En effet, un indigène venu de Nédromah, lui apprenait, vers deux heures, le désastre de Sidi-Brahim. Sans nouvelles du détachement du Lt-Colonel de Barral, isolé avec des forces suffisantes au milieu de tribus fanatisées, le général se replie sur Lalla-Marghnia où il arrive le lendemain (1).

Quels événements avaient pu empêcher la jonction des colonnes ?

Le 21, de Barral était arrivé avec son détachement à Lalla. Renforcé par le 10e bataillon de chasseurs, il se portait le 22 par le col de Bab-el-Thaza sur Nédromah qu'il atteignait vers 4 heures du soir. Aussitôt il envoyait à Djemmâ l'adjudant-major du 10e bataillon, le capitaine de Jonquières, porter l'ordre au Lt-Colonel de Montagnac, de faire partir dans la nuit même le 8e bataillon pour Nédromah.

De Jonquières, qui emmenait avec lui un peloton de chasseurs d'Afrique et un détachement d'éclopés déjà épuisé par l'étape du matin, s'engagea sur la mauvaise piste arabe qui reliait à cette époque Nédroma à Djemmâ et mit quinze heures à franchir les 17 kilomètres qui séparent ces deux points. Que lui arriva-t-il ? Ce point reste encore à éclaircir. Assuré de trouver à son poste le colonel de Montagnac, il régla probablement le pas de son détachement sur celui des hommes affaiblis, et l'ordre de de Barral qui aurait dû parvenir vers neuf heures du soir, parvint seulement le lendemain à six heures du matin à Djemmâ que de Montagnac avait quitté la veille au soir avec toutes les forces

---

(1) Le général Cavaignac était légèrement blessé. Le 2e bataillon de zouaves avait perdu son chef, le brave Commandant Peyraguez, ancien grenadier de l'île d'Elbe.

disponibles pour se mettre à la recherche de l'Emir signalé dans le voisinage des Souhalias. Ne trouvant pas le colonel, de Jonquières lui expédia l'ordre de de Barral et rentra sans réponse au camp de Nédromah.

Cet ordre trouva de Montagnac à neuf heures du matin sur la rive droite de l'oued-Ben-Deffale, à un kilomètre au sud de Si-Bou-Rahal.

Encore incertain sur les mouvements de l'ennemi auquel deux voies sont ouvertes pour envahir le plateau des Souhalias : le bassin de l'Oued-Kouerda d'un côté, de l'autre, la partie de sa ceinture qui aboutit au Gerbous, de Montagnac attendit pour répondre, les rapports de ses reconnaissances et des espions. Son courrier qui parvint à neuf heures du soir à Nédromah apprenait au colonel de Barral, que le détachement de Djemmâ était au contact de l'ennemi, et que son chef se proposait d'attaquer dès le lendemain matin.

Très embarrassé, de Barral n'osa faire part de la situation au général Cavaignac, mais il la fit connaître à ses officiers. Tous, surtout le commandant d'Exéa, furent d'avis qu'il fallait immédiatement se porter au secours de Montagnac certainement menacé d'un désastre par le gros des forces de l'Emir. Cette opinion prévalut et de Barral fixa le départ à minuit pour Sidi-Brahim (1).

Quels motifs avaient porté de Montagnac à sortir prématurément de Djemmâ ?

Le 19 au soir, le caïd des Souhalias, Mohamed-ben-Trari, qui, par ses anciens services, avait acquis des droits à la confiance du colonel, était venu l'informer que l'Emir, réfugié chez les Djeballa, menaçait de razzier sa tribu, et lui demandait en même temps un secours immédiat.

---

(1) Lettre du général d'Exéa, 29 janvier 1000.

— 11 —

Une reconnaissance dirigée le lendemain sur Gaames reste sans résultat, tout est calme aux environs immédiats de Djemmâ. Mais le 21, sur une invitation plus pressante du caïd, le colonel, cédant à la fougue de son caractère, désireux surtout de s'emparer de l'Emir, quitte Djemmâ à dix heures du soir avec la majeure partie de la garnison ; laissant le commandement de la place au capitaine du génie Coffyn, avec ordre de se porter au devant du détachement à son retour et d'appuyer un mouvement (1).

La colonne comprend deux pelotons de hussards, et cinq compagnies du 8ᵉ bataillon, savoir :

2ᵉ hussards. — 66 hommes.

MM. Courby de Cognord, chef d'escadron C^t.
Gentil Saint-Alphonse, capitaine.
Klein, sous-lieutenant.

8ᵉ bataillon. — 346 hommes (2).

Froment-Coste, commandant.
Dutertre, capitaine adjudant-major.
Burgard, capitaine............ 2ᵉ compagnie.
Larrazet, sous-lieutenant....... 3ᵉ   »
de Chargère, capitaine......... 6ᵉ   »
de Raymond, lieutenant........ 7ᵉ   »
de Géreaux, capitaine   ⎫
de Chappedelaine, lieutenant ⎬ 8ᵉ   » de carabiniers.
Rozagutti, chirurgien aide-major.
Lévy, interprète.
Douze bêtes de somme et leur conducteurs.

Le détachement emporte six jours de vivres, chaque

---

(1) Il restait pour la garde de la place environ 130 chasseurs sous les ordres du sergent-major de carabiniers Nauroy, 20 hussards du lieutenant Roux, 50 éclopés évacués par les colonnes mobiles, et une dizaine d'employés de l'administration.

(2) Chiffres donnés par l'historique du 2ᵉ hussards et du 8ᵉ bataillon. La 1ʳᵉ compagnie est à Tlemcen, les 4ᵉ et 5ᵉ au dépôt, à Toulouse.

homme soixante cartouches, il n'y a pas de réserve de munitions.

Après avoir suivi le chemin qui passe par Beraoum, les pentes de Tigraou et de Zaouiet-el-Mira, la colonne s'arrêta vers deux heures du matin au marabout d'El-Hadj-Abd-Allah, où elle fut rejointe par le caïd des Souhalias dont les renseignements décident de la reprise de la marche et d'un premier bivouac sur les bords de l'Oued-Taouly, à un kilomètre au sud de Si-Bou-Rahal et de la côte 248 (1).

Dans l'après-midi, des cavaliers arabes apparurent à l'est et au nord du camp sur les hauteurs de Kaar-Amselm, nos patrouilles sont reçues à coups de fusil, les avant-postes sont inquiétés par les Beni-Snassen dont Abd-el-Kader dirige personnellement les attaques.

Fixé sur la situation, de Montagnac avise le colonel de Barral (2), il invite en même temps le capitaine Coffyn de faire partir pour Nédromah les hommes encore disponibles à Djemmâ, il lui demande des vivres, puis, certain de la présence de l'Emir à Bou-Djenane, il lève le camp de l'Oued-Taouly à la tombée de la nuit, traverse l'Oued-Mettous et va s'établir à une centaine de mètres au nord du marabout de Sidi-Tahar,

---

(1) Quels propos furent échangés dans l'entretien secret du colonel et du caïd au marabout d'El-Hadj-Abd-Allah? On a cru jusqu'alors à la trahison du caïd, mais d'après une étude extrêmement consciencieuse faite récemment sur le terrain par le capitaine Fourié et le lieutenant Garçon du 2ᵉ régiment de zouaves ; on peut certainement admettre que les rapports du colonel et du caïd, n'ont eu pour but, que d'amener la colonne de Djemmâ sur la route suivie par l'Emir, qui, sûr des Djeballas voulait atteindre le plateau des Souhalias par le col du Kerhour qu'il occupa effectivement dans l'après-midi du 22.

« S'il y a eu trahison de la part du caïd, ce n'est pas en renseignant à faux le « colonel de Montagnac sur la marche de l'Emir, mais plutôt quand il l'assurait de « la fidélité des tribus voisines qui venaient de faire défection. » (Capitaine Fourié et Lieutenant Garçon. Etude sur le combat de Sidi-Brahim. - Manuscrit.)

(2) Camp de Sidi-Brahim. 5 h. 1/2 du soir. — Correspondance inédite du colonel de Montagnac publiée par son neveu.. in 8° Paris 1885, page XI.

à cheval sur le chemin de Sidi-Moussa-el-Amber à Sidi-Bou-Djenane. Là, les hommes s'étendent au pied des faisceaux, les mulets restent bâtés, on s'attend au combat.

La nuit se passe sans incident, mais les Arabes l'ont mise à profit pour se rapprocher du bivouac. A l'aube du 23, de nombreux cavaliers couronnent les hauteurs du Djebel-Kerhour. De Montagnac impatient, veut connaître ce qui se cache derrière ce rideau.

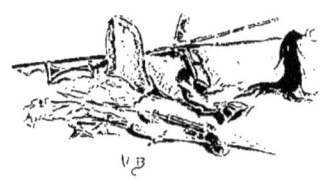

II

JOURNÉE DU 23 SEPTEMBRE

Destruction des deux pelotons de hussards et des 3ᵉ, 6ᵉ et 7ᵉ compagnies. — Mort du lieutenant-colonel de Montagnac. — Destruction de la 2ᵉ compagnie. — Mort du commandant Froment-Coste. — Prise du commandant Courby de Cognord.

6 heures 1/2, l'escadron soutenu par 3 compagnies et une section de carabiniers (1), se porte vers le col du Kerhour, les hussards formés en deux pelotons échelonnés à faible distance prennent la tête, de Montagnac et le commandant de Cognord marchent avec le second peloton. Le colonel juge le combat immédiat, les chevaux sont en selle nue, les chasseurs sans sacs ; le voisinage de l'ennemi et la nature difficile du terrain obligent les cavaliers à marcher au pas.

La reconnaissance s'avance ainsi pendant trois kilomètres à la suite de cavaliers arabes dont la retraite n'a d'autre but que d'attirer les hussards et les séparer de leur soutien. A peine ont-ils disparu derrière le Djebel-Kerhour, que le premier peloton qui vient d'atteindre la crête, est brusquement assailli par une centaine de cavaliers dissimulés dans les plis d'un ravin. En un instant le peloton est anéanti, le capitaine Gentil Saint-

---

(1) La 3ᵉ compagnie ne comprend que 3 sections, la 4ᵉ est au camp à la garde des bagages et du troupeau. La section de carabiniers est commandée par le sergent Bernard.

Alphonse est tué, huit hussards seulement traversent les rangs arabes et vont rallier l'escadron.

A ce moment, le colonel et le commandant Courby de Cognord se trouvaient à 600 mètres au sud du point où s'élève actuellement la colonne commémorative. Ils s'apprêtent à charger quand tout à coup, sur leur flanc droit, venant du petit col de Dar-Zaouïa, débouchent au galop deux cents cavaliers disposés sur ce point par Abd-el-Kader pour observer nos mouvements et nous couper la retraite. En avant, massés au Soüïg, les réguliers renforcés par tous les dissidents de la région se tiennent prêts à appuyer l'attaque.

Lieutenant-Colonel de Montagnac
D'après un portrait fait par lui-même à Oran en 1839
Extrait de la correspondance du colonel. O. C.

Né au Château de Pourru-aux-Bois (Ardennes), le 17 mai 1803.

Sous-lieutenant au 1ᵉʳ régiment d'infanterie de ligne, le 1ᵉʳ octobre 1821. — Lieutenant, le 30 décembre 1827. — Capitaine, le 28 janvier 1836. — Chef de bataillon le 14 juillet 1841 au 61ᵉ régiment. — Lieutenant-colonel au 15ᵉ léger, le 10 mars 1845.

Campagnes. — En Espagne, 1823. — En Afrique, 1836 à 1845.

Décorations. — Décoré de l'ordre de Charles III d'Espagne. — Décoré de l'ordre de la Légion d'honneur, le 14 juillet 1841.

Citations. — Mis à l'ordre de l'armée pour sa belle conduite à Blidah, le 4 juillet 1840.

Mis à l'ordre pour l'initiative et le courage dont il fit constamment preuve dans l'expédition entreprise contre Zidi-Zerdout (avril 1843).

De CHARGÈRE Jérôme-Alphonse, né à Guengnon (Saône-et-Loire), le 22 mai 1805.

Sous-lieutenant au 64e régiment d'infanterie, le 1er octobre 1827.
Lieutenant au 8e régiment d'infanterie, le 14 septembre 1838.
Capitaine au 8e régiment d'infanterie, le 25 mai 1840.
Capitaine au 8e bataillon de chasseurs, le 21 octobre 1840.

Campagnes. — En Afrique, 1844, 1845.

LARRAZET Jérôme, né à Bazas (Gironde) le 5 août o.

Entré au service au 19e de ligne, le 20 mars 183). Libéré comme sergent-major le 4 mars 1840. Rentré comme chasseur au bataillon de tirailleurs de Vincennes le 13 mars de la même année. Lors de la formation du 1er bataillon de chasseurs, Larrazet figure dans les cadres comme sergent-major, puis nommé adjudant, sous-officier (26 novembre 1841).

Sous-lieutenant au 8e bataillon de chasseurs, le 11 février 1842.
Lieutenant au 8e bataillon de chasseurs, le 22 décembre 1845.
Capitaine au 5e bataillon de chasseurs, le 19 mars 1852. — Retraité en 1861.

Campagnes. — En Afrique, 1840 à 1845.

Blessures. — Blessé de deux coups de yatagan à la tête au combat de Sidi-Brahim.

Décorations. — Chevalier de la Légion d'honneur, le 26 août 1846.

De RAYMOND-LASBORDES Eugène-François, né à l'île de Grenade (possessions anglaises) le 5 avril 1815.

Elève à l'école spéciale militaire le 16 novembre 1831 et passé au 19e régiment d'infanterie par décision ministérielle du 1er novembre 1833.

Sous-lieutenant au 19e de ligne, le 19 juillet 1839.

Lieutenant au 5ᵉ bataillon de chasseurs, le 21 octobre 1840.
Passé au 8ᵉ bataillon le 17 mars 1842.
Campagnes. — En Afrique, 1841, 1842, 1844, 1845.

Comte GENTIL-SAINT-ALPHONSE, Jules-Eugène-Denis.
Né à Paris le 23 août 1810. Elève à l'école spéciale militaire en 1827.
Sous-lieutenant au 17ᵉ régiment d'infanterie légère en 1829 ; passé aux hussards de Chartres (1ᵉʳ régiment) en 1830, lieutenant au 3ᵉ chasseurs d'Afrique en 1833 ; lieutenant adjudant-major aux spahis réguliers à Bône en janvier 1835 ; capitaine adjudant-major en 1835 ; passé au 2ᵉ hussards le 5 février 1837.
Campagnes. — Belgique, 1831, 1832. — Afrique, 1834, 1835, 1836, 1844, 1845.
Citations. — Cité à l'ordre de l'armée pour sa belle conduite à la bat   d'Isly. — (14 août 1844).

Chargé de toutes parts, le second peloton est bientôt sabré, anéanti, quelques cavaliers démontés sont encore debout, quand arrivent au pas de course les compagnies de soutien.

A la voix du colonel mortellement blessé, la 6ᵉ compagnie se jette sur l'ennemi à la baïonnette, les 3ᵉ et 7ᵉ compagnies, successivement engagées, sont bientôt cernées dans le demi-cercle formé par les hauteurs du Kbouss et les pentes Nord du Kerhour. Avec elles succombent le capitaine de Chargère et le lieutenant Raymond ; « Klein expire dans les bras du hussard Metz qui ne l'abandonne qu'après lui avoir vu rendre le dernier soupir. » (1) Le commandant de Cognord et le lieutenant Larrazet sont grièvement blessés.

Maintenant ses entrailles qui s'échappent de sa blessure, soutenu par son indomptable énergie, de Monta-

---

(1) 2ᵉ hussards. Historique.

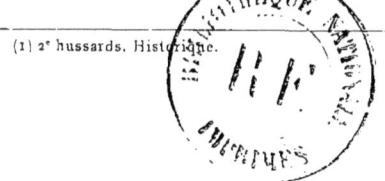

gnac dirige encore le combat, son exemple maintient les siens inébranlables malgré le spectacle terrifiant des cavaliers arabes qui se ruent contre le carré, portant au bout de leurs longs fusils les têtes des hussards décapités. Songeant à sa réserve, il la fait prévenir par le maréchal des logis Barbut d'appuyer les compagnies engagées ; ses dernières paroles sont pour les soldats qui l'entourent : « Enfants ! leur crie-t-il, laissez moi ! mon compte est réglé, courage, tâchez de gagner le marabout de Sidi-Brahim... » puis, à bout de forces, se sentant mourir, il remet le commandement au commandant Courby de Cognord. (1)

COURBY DE COGNORD, Pierre-Louis, né à Thiers (Puy-de-Dôme), le 26 août 1799.
 Mousquetaire à la garde impériale le 1er mars 1815 ; sous-lieutenant aux dragons du Calvados le 13 décembre 1815 ; lieutenant aux hussards de la Moselle en janvier 1822. Passé aux hussards de la garde royale en 1825 ; capitaine au 15e dragons en 1830 ; passé au 5e hussards en avril 1831 ; chef d'escadrons au 1er chasseurs d'Afrique en 1840 ; passé au 2e hussards le 17 juin 1841 ; lieutenant-colonel au 3e hussards le 15 mars 1846 ; passé au 6e lanciers en décembre 1846 ; colonel du 6e hussards le 9 décembre 1848 ; général de brigade disponible en janvier 1852 ; passé dans la réserve le 26 août 1861. Décédé à Tarbes, le 4 décembre 1892.
Campagnes. — Espagne, 1823, 1824, 1825. — Belgique, 1831, 1832. — Afrique, 1840, 1844, 1845, 1846. — Intérieur, 1851.
Blessures. — Blessé d'un coup de feu à la jambe gauche au passage du col du Téniah, le 15 juin 1840. De trois coups de

---

(1) D'après les recherches faites par le capitaine Fourié et le lieutenant Garçon, le point exact où succomba le Lt-Colonel de Montagnac, « est à l'intersection du che-
« min de la colonne commémorative à Bou-Djenane, avec le petit sentier qui entoure
« le Kerhour à 600 mètres au sud-ouest de la colonne. Le point où sont tombés les
« débris des hussards et les compagnies, est en contre-bas de la colonne, sur le
« petit plateau qui la sépare au nord du chemin de Bou-Djenane. C'est là où l'on
« trouve encore de nos jours des balles tirées dans la matinée du 23 septem-
« bre 1845. »

Lieutenant-Colonel COURBY DE COGNORD
D'après un portrait publié par *l'Illustration* du 1ᵉʳ mai 1847
n° 218

feu à la tête et de deux coups de yatagan au cou et à la joue gauche à l'affaire de Sidi-Brahim, le 23 septembre 1845. Atteint de plusieurs plombs au cou lors de la répression de l'insurrection à Auch, le 5 décembre 1851.

Citations. — Cité à l'ordre de l'armée d'Afrique pour sa belle conduite à la bataille d'Isly. Cité à l'ordre de l'armée d'Afrique pour l'héroïsme dont il fit preuve à Sidi-Brahim.

Décorations. — Chevalier de la Légion d'honneur, le 14 janvier 1833. — Officier de la Légion d'honneur le 31 octobre 1845. — Commandeur de la Légion d'honneur le 26 août 1850. — Chevalier de l'ordre de Saint-Ferdinand d'Espagne le 29 septembre 1824.

A ce moment suprême il reste à peine 75 à 80 hommes désemparés. Le commandant Courby de Cognord s'efforce de les rallier, son cheval est tué sous lui ; le hussard Testard met pied à terre et lui offre le sien, noble dévouement qui permet au dernier officier de diriger cette poignée de braves gens sur un mamelon voisin. Là, pendant deux heures, le carré lutte contre les charges répétées des Arabes, puis, suivant l'expression d'un des survivants de ce terrible drame, ses faces écrasées par le feu « s'écroulent comme un vieux mur que l'on bat en brèche. » Sur cet emplacement à jamais célèbre il ne reste plus qu'une dizaine d'hommes blessés qui ne veulent pas mourir. Hésitants, les Arabes abordent le carré anéanti, décapitent les chasseurs tués ou mortellement blessés, et obligent les survivants à porter ces lugubres trophées, qu'ils devaient fixer au sommet de grandes perches devant la Deïra, la face tournée vers l'Orient. (1)

Atteint de cinq blessures, le commandant Courby de Cognord échappe au massacre, sauvé par un vieux régulier qui, reconnaissant en lui un officier supérieur, intervint et le fit prisonnier. (2)

Mais le second et non moins douloureux événement se préparait.

Laissé à la garde du camp, le commandant Froment-Coste n'avait pas attendu pour agir l'ordre du lieutenant-colonel de Montagnac.

FROMENT-COSTE, Auguste-Laurent-Adolphe, né à Stradella, département de Gênes, le 4 décembre 1805.
Sous-lieutenant au 6º régiment d'infanterie, le 1er octobre 1825 ; lieutenant le 28 mars 1830 ; capitaine le 28 janvier 1836 ; passé au 3º bataillon de chasseurs le 21 octobre 1840 ; chef de bataillon, commandant le 2º chasseurs, le 19 mars 1841 ; passé au 8º bataillon le 3 décembre 1841, par permutation avec le commandant Ulrich.

---

(1) Dépouillés de leurs vêtements, courbés sous le bâton du chaouch, les survivants furent contraints de laver dans un ruisseau les têtes coupées de nos soldats, de les enduire de miel et de les ranger par dix, dans des paniers que des mulets transportèrent au camp de l'Emir. Là, les Arabes reçurent du Kodja le prix de ces hideux trophées. Les uns reçurent la sépulture après avoir servi de jouets aux vainqueurs, les autres furent envoyés dans les tribus pour exciter les croyants à la guerre sainte. (Historique du 2º régiment de hussards. — Pègues, sergent-fourrier au 8º bataillon. Souvenirs militaires algériens. Combat de Sidi-Brahim, in-8º Alger 1887, p. 19.

(2) Duc d'Aumale. Les zouaves et les chasseurs à pied, in-12º 1855, p. 156.

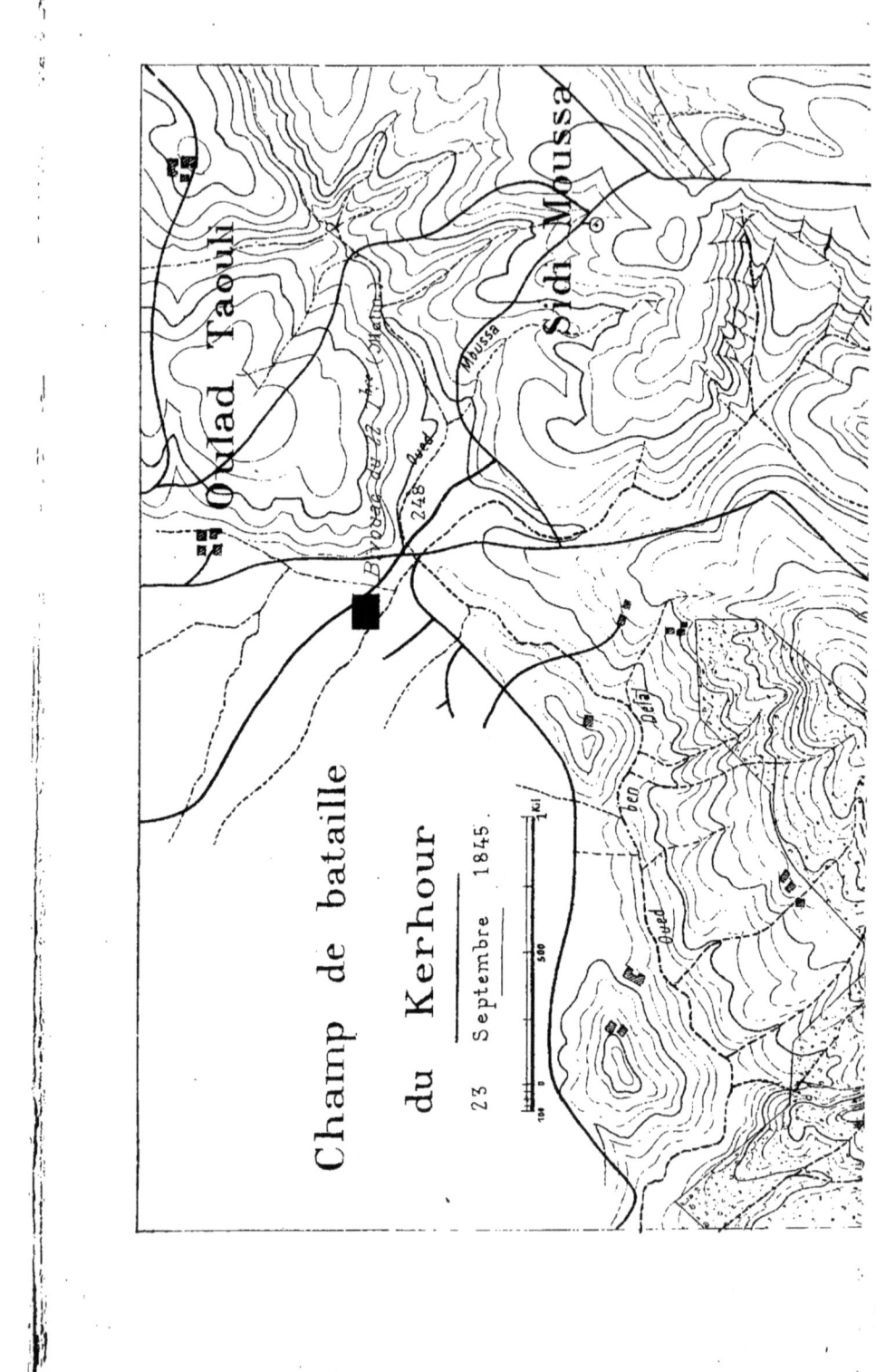

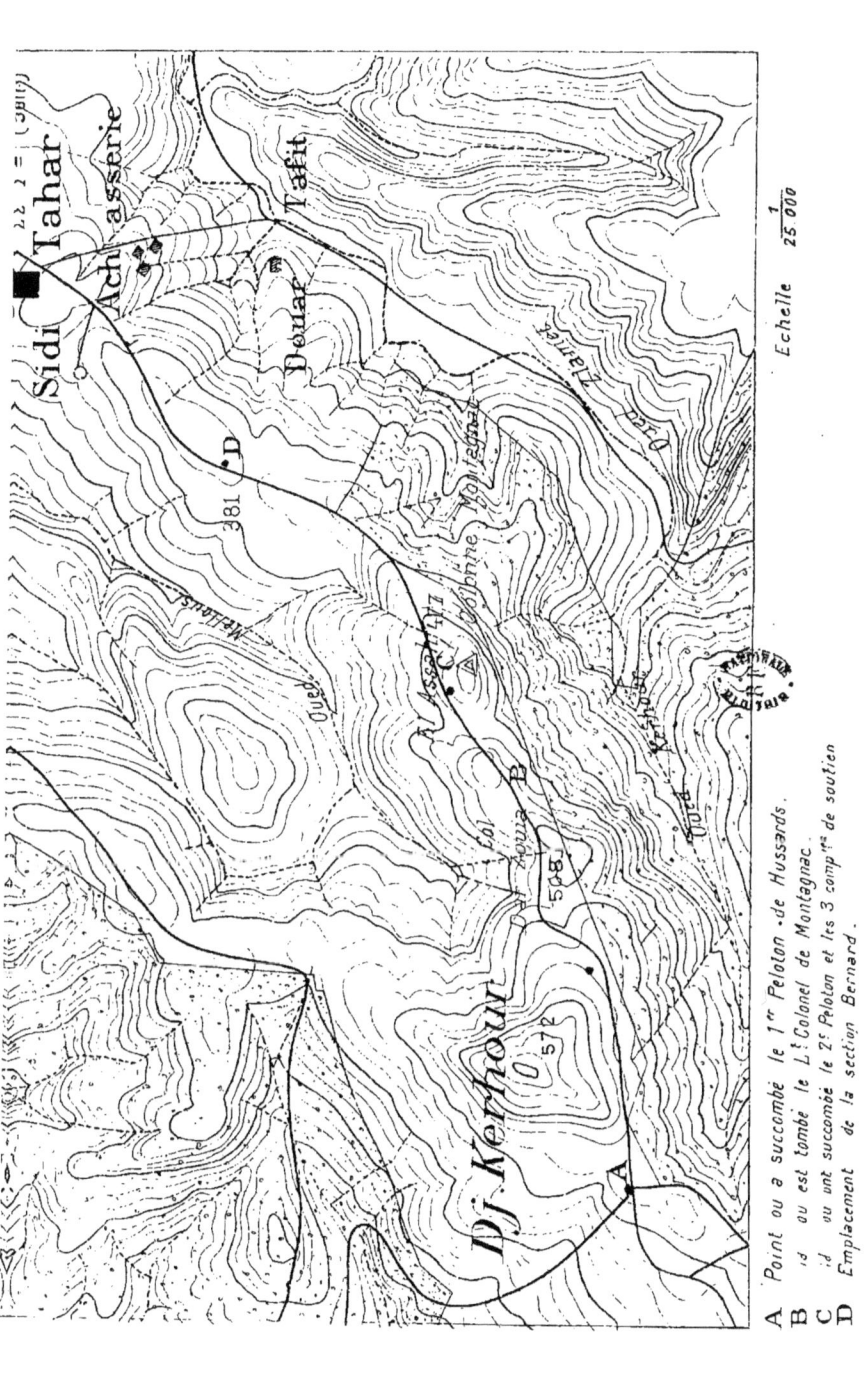

Campagnes. — Espagne, 1826, 1827, 1828. — Afrique, 1830, 1831. — Belgique, 1832. — Afrique, 1842, 1843, 1844, 1845.
Décorations. — Chevalier de la Légion d'honneur le 30 août 1842. — Officier de la Légion d'honneur le 22 septembre 1844.
Citations. — Cité à l'ordre de l'armée pour sa belle conduite au combat de la Sikkak. — (6 juillet 1835).

BURGARD, Pierre-Gatine-Charles, né à Clermont-Ferrand, le 28 juillet 1811.
Entré au service au 28º de ligne le 28 juillet 1831 ; sous-lieutenant le 14 août 1835 ; lieutenant le 20 décembre 1839 ; passé au 5º bataillon de chasseurs, le 27 octobre 1840 ; capitaine au 8º bataillon de chasseurs, le 11 avril 1844.
Campagnes. — En Afrique, 1841, 1842, 1843, 1844, 1845.
Blessures. — Coup de feu, le 12 avril 1834, aux événements de Lyon.

En liaison avec la colonne par la section de carabiniers du sergent Bernard, laissée par le colonel sur le petit mamelon qui domine la rive gauche de l'Oued-Zlanet, à mi-distance du camp et du champ de bataille ; il avait pu suivre à l'aide des renseignements adressés par le lieutenant de Chappedelaine, détaché auprès du sous-officier, les péripéties du combat. L'ordre porté par le maréchal des logis chef Barbut le trouva au moment où il s'élançait avec la 2ᵉ compagnie au secours du bataillon. A peine a-t-il dépassé la section Bernard que la cessation du feu et l'arrivée bruyante de milliers d'Arabes lui apprennent que tout est fini avec le détachement de Montagnac.

Assailli de toutes parts, il parvint à s'ouvrir un chemin à la baïonnette et gagne un piton voisin où il fait former le carré. Bientôt privée de munitions, la 2ᵉ compagnie n'est plus qu'une cible vivante exposée au feu et aux charges des Arabes. Mais le courage est à hauteur de l'épreuve, seul un jeune chasseur nommé Ismaël s'écrie

éperdu : « Nous sommes f..... ! Quel âge as-tu ? lui de-
« mande le commandant. — Vingt-deux ans. — Eh bien !
« j'ai souffert dix-huit ans de plus que toi ; je vais te mon-
« trer à mourir le cœur ferme et la tête haute. » Quelques
instants après le digne chef du 8° et le capitaine Burgard tombaient mortellement frappés. L'adjudant-major
Dutertre, blessé, l'adjudant Thomas, le maréchal des
logis Barbut étaient enlevés en exhortant les survivants
à mourir en braves sur le corps de leurs officiers.

Isolée sur sa position, la section de carabiniers se voit
à son tour enveloppée et rejetée dans le fond du douar
Taffit où les Arabes l'anéantissent en entier.

Le détachement du lieutenant-colonel de Montagnac
a vécu. 250 hommes jonchent le champ de bataille, 90,
tous blessés sont prisonniers (1), deux chasseurs seulement échappent au massacre et vont porter à la colonne
de Barral la nouvelle du désastre.

---

(1) 8° bataillon, 75 hommes,
2° hussards, 14 "
15° léger, 1 " (Moreau, ordonnance du Lt-Colonel de Montagnac).
   ———
   90.

MARABOUT où se réfugièrent 79 survivants de la colonne Montaignac et où ils brûlèrent leur dernière cartouche.

III

JOURNÉES DES 24 et 25 SEPTEMBRE

Retraite du capitaine de Géreaux sur le marabout de Sidi-Brahim. — Conduite héroïque du capitaine adjudant-major Dutertre.

ERS onze heures, quand le hussard Nathaly échappé au massacre vint annoncer au capitaine de Géreaux la destruction de la 2ᵉ compagnie et la mort du commandant Froment-Coste, la horde arabe victorieuse descendait déjà le Kbouss, décidée à en finir avec ce qui reste encore de la colonne de Montagnac.

A la hâte, de Géreaux rallie son détachement et le dirige sur le marabout de Sidi-Brahim où il entend résister en attendant les secours que la place de Djemmâ ou la colonne de Barral ne peuvent manquer d'envoyer. En même temps, il expédie Nathaly au capitaine Coffyn pour l'informer de la situation et de la retraite des carabiniers sur le marabout. Sans cesse harcelés, ceux-ci mettent deux heures à parcourir les 4.500 mètres qui les séparent de Sidi-Brahim ; de Géreaux, de Chappedelaine sont grièvement blessés, trois chasseurs et le vieux sergent Steyavert (1) succombent pendant le trajet.

---

(1) Entré au service en 1825, chevalier de la Légion d'honneur le 6 avril 1843.

Sommairement on organise la défense, le mur extérieur est garni de créneaux, la porte basse est fermée à l'aide de cantines, chaque face reçoit une vingtaine de défenseurs, les mulets qui ne peuvent franchir l'enceinte sont déchargés et abandonnés aux Arabes. Un drapeau tricolore improvisé par le caporal Laveyssière est fixé au sommet du marabout (1). Ce signal peut sauver les défenseurs s'il est aperçu de Nédromah ou de la colonne de Barral, faible espoir car Nédromah est à 14 kilomètres, « le marabout, caché dans un col,
« échappe à toutes les vues de la plaine ; c'est à peine si
« son dôme est visible du Minaret de Nédromah ; pour
« l'apercevoir il faudrait aller aux Yacoubi, personne
« n'y songe, nul ne peut deviner la lutte qui s'y prépare ;
« d'ailleurs on est en septembre et les feuilles des trois
« figuiers masquent le marabout. » (2) Quant à la colonne de Barral, elle est à pareille heure en pleine retraite sur Lalla-Marghnia.

Né le 10 août 1807 à Boulogne (Pas-de-Calais), DUTERTRE, Louis-Laurent-Charles-François-Hippolyte, fit ses études au collège des Chevaliers de Saint-Louis à Senlis, où il eut pour condisciplines Canrobert, Ladmirault, Laveaucoupet et de la Motte-Rouge.

Élève à l'Ecole spéciale militaire le 17 novembre 1824 ; sous-lieutenant au 32ᵉ régiment d'infanterie le 1ᵉʳ octobre 1826 ; lieutenant le 20 août 1831 ; capitaine le 24 octobre 1838 ; Dutertre demeura au 32ᵉ de ligne jusqu'au 21 octobre 1840, date à laquelle il passa au 8ᵉ bataillon de chasseurs, par permutation avec le capitaine de Failly qui prit sa place au 10ᵉ bataillon.

Un mot dépeint le caractère et exprime l'énergie de Dutertre.

---

(1) Ce drapeau improvisé avec le mouchoir blanc de de Géreaux, la ceinture rouge de Chappedelaine et le mouchoir bleu de Laveyssière, fut rapporté à Djemmâ et offert à la duchesse d'Orléans. (Corresp. du colonel de Montagnac. Note 2. p. XIV).

(2) Capitaine Fourié — O. C.

Faisant ses adieux à son père, lors de son départ pour l'Algérie. « Sois tranquille, lui dit-il, j'avancerai ou je mourrai comme « d'Assas. » Sa mort fut à la fois celle d'un héros et d'un martyr.

Campagnes. — Algérie, 1841, 1842, 1843, 1844, 1845.

Blessures. — Coup de feu à la cuisse gauche, le 11 juin 1842, à Machecoul (Vendée). — Trois coups de feu reçus le 23 septembre 1845.

Décoration. — Chevalier de la Légion d'honneur, le 6 août 1843.

Citation. — Cité à l'ordre de l'armée pour sa belle conduite à la bataille d'Isly.

Après un premier assaut, Abd-el-Kader tente d'intimider la défense par la menace de représailles sur les prisonniers de Sidi-Brahim, la vie sauve pour tous contre une capitulation ; telle est sa proposition que les carabiniers accueillent par le cri de « Vive le Roi. »

Un second effort échoue et décide l'Emir à envoyer le capitaine Dutertre, blessé et prisonnier, sommer les défenseurs de mettre bas les armes. « Va trouver les « tiens, lui dit-il, renouvelle-leur ma proposition : la « vie sauve s'ils se rendent, sinon je les exterminerai « jusqu'au dernier ; ta tête payera l'insuccès de ta « mission. En tout cas tu me jures de venir te cons- « tituer prisonnier. Acceptes-tu mes conditions ? — J'accepte, répond simplement Dutertre.

Le capitaine s'approche alors du marabout, fait appeler de Géreaux, lui dit un dernier adieu ; puis s'adressant aux défenseurs : « Chasseurs, s'écrie-t-il on va me cou- « per la tête si vous ne vous rendez pas ! Et moi je vous « ordonne de mourir jusqu'au dernier plutôt que de « vous rendre. » Puis, nouveau Régulus, Dutertre retourna d'un pas tranquille vers l'Emir qui le fit mettre à mort. (1)

---

(1) On a prétendu que le capitaine Dutertre avait été décapité sous les yeux des défenseurs du marabout. Le fait n'a pas été prouvé. Jamais les carabiniers du 8ᵉ bataillon n'auraient laissé s'accomplir un pareil forfait, tous auraient tiré sur

L'histoire ne nous a rien légué de plus sublime.

Un troisième assaut plus furieux que les précédents suit aussitôt le martyre du capitaine, des milliers d'Arabes se ruent contre le marabout ; les feux de salve des grosses carabines les font encore une fois reculer.

Il est près de trois heures, des émissaires venus de l'est viennent d'apprendre à l'Emir la défaite des siens dans les Traras par la colonne Cavaignac, d'autres avis lui signalent la retraite du détachement de de Barral sur Lalla-Marghnia ; c'est une proie facile, mais pour agir il faut en finir avec les carabiniers du 8e bataillon. Une nouvelle sommation écrite sous sa dictée par l'adjudant Thomas, contient la menace de l'exécution des prisonniers si les défenseurs ne mettent immédiatement bas les armes. De Géreaux fait répondre : « Que « les prisonniers sont sous la garde de Dieu et qu'il « attend l'ennemi de pied ferme. » Le combat reprend aussitôt, cette fois les Arabes approchent l'enceinte de si près qu'ils attaquent en même temps à coups de pierres et à coups de fusil. La nuit survint et met fin au combat.

La matinée du 24 débute par un assaut plus terrible que les précédents. Repoussés, les Arabes, fatigués et hésitants, passent la journée en attaques décousues.

l'escorte ou franchi la muraille pour arracher leur capitaine des mains de ses bourreaux. Il est certain que Dutertre a été tué lâchement dans un ravin voisin, hors des vues du marabout, aucun prisonnier ne l'a revu au camp. — (Lettre de Pègues, 29 janvier 1800) et rapport du commandant Courby de Cognord, inséré dans le *Moniteur de l'Armée* du 30 octobre 1845.

Le clairon Victor Michel du 8e bataillon n'est pas moins affirmatif. Dans une lettre qu'il adressait le 10 mars 1847 au sous-lieutenant Dutertre du 11e régiment d'infanterie, Michel s'exprime ainsi : « Votre frère s'est présenté devant le marabout et nous a crié : de ne pas nous rendre, nous lui avons répondu que nous lutterions jusqu'à « la mort ; alors l'Emir l'a fait retirer sur le bord d'un ravin où il disparut pour la « dernière fois. » (Copie communiquée par M. Anceaume Dutertre, neveu du capitaine).

L'Emir est encore là, mais sa cavalerie a disparu depuis la veille à la recherche de la colonne de Barral, laissant à l'infanterie le soin de surveiller les abords du marabout. Comprenant l'impuissance de ses attaques, certain que la famine lui livrera les carabiniers, Abd-el-Kader donne le signal de la retraite et se retire vers trois heures avec ses réguliers (1). Le blocus du marabout est assuré par trois postes de 150 hommes chacun, grossis des contingents des tribus voisines accourus au combat. Le soir arrive, mais avec lui commence la lutte contre la faim, contre la soif surtout, que les chasseurs apaisent avec leur urine mêlée d'eau-de-vie ou d'absinthe que l'on a pu sauver. Malgré ces souffrances pas une plainte ne s'élève, pas une hésitation à la voix des chefs, tant est forte la discipline chez ces soldats d'élite.

A l'aube du 25 les Arabes se ruent à l'attaque. Aux coups de fusil succède la lutte à coups de pierres, corps à corps, de part et d'autre il ne reste presque plus de munitions. Repoussé, l'ennemi renonce au combat et resserre le blocus.

Que s'était-il passé aux environs pendant ces trois journées lugubres ! Le 22, vers neuf heures du soir, le lieutenant-colonel de Barral avait reçu à Nédromah la lettre écrite à 5 heures 1/2 par de Montagnac. Cédant au premier mouvement et aux instances de ses officiers, il fixait à minuit le départ pour Sidi-Brahim. Réfléchissant ensuite que des ordres lui prescrivent d'attendre à Nédromah les forces de Nemours, que son intervention est attendue par la colonne Cavaignac, il vint deux heures après trouver le commandant d'Exéa, lui fait part de ses réflexions, et, malgré les instances

---

(1) On signale encore à 800 mètres au N.-N.-O. du marabout, l'olivier sous lequel Abd-el-Kader se tenait pendant l'investissement. (Capitaine Fourié. O. C.)

de cet officier, il contremande le départ se réservant d'attendre les événements « pour se porter au point où son intervention serait la plus nécessaire. » (1)

Le lendemain matin, entendant vers sept heures la fusillade du côté du Kerhour, de Barral se met en marche. Quinze kilomètres environ le séparent de Montagnac, le terrain est difficile, la chaleur accablante. A onze heures (2), son avant-garde, formée par la compagnie de carabiniers du 10ᵉ bataillon, atteint seulement l'Oued-Kebicha, à douze kilomètres de Sidi-Brahim, quand deux chasseurs du 8ᵉ échappés au massacre lui apprennent le désastre du détachement de Montagnac.

A ce moment la fusillade a cessé, les coups de feu isolés que l'on peut encore percevoir ne sont pas un indice suffisant pour faire admettre la possibilité d'une retraite sur le marabout de Sidi-Brahim ; d'ailleurs le récit qu'il vient d'entendre ne lui laisse pas supposer l'existence des carabiniers. Pour lui, tout est terminé, son intervention est inutile vers l'est, ses communications avec le col de Bab-Thaza sont déjà menacées par la cavalerie arabe qui escarmouche sur les flancs, il songe à la retraite et l'ordonne sur Marghnia. Vers une heure de l'après-midi, quand la fusillade reprit au marabout, de Barral trop éloigné ne pouvait plus distinguer le bruit du combat soutenu par de Géreaux, « qu'il « laissait à son insu dans la position la plus critique « qu'une troupe ait à supporter. » (3)

Ce jour là, un vent favorable permettait d'entendre à Djemmâ la fusillade du Kerhour. Aussitôt le capitaine

---

(1) Lettre citée du général d'Exéa.
(2) Id.
(3) Capitaine Fourié. — Le caractère de notre travail n'autorise aucune appréciation sur la marche de la colonne de Barral, mais il est évident que les hésitations du colonel et la lenteur de sa marche dans la matinée du 23 septembre, furent les principales causes de la perte du détachement de Montagnac.

Coffyn se portait dans cette direction avec une centaine de chasseurs et un peloton de hussards. Arrivé à hauteur de Gaamès ses cavaliers sont refoulés sur les chasseurs, des groupes ennemis menacent de l'envelopper, il lui faut rompre le combat et regagner la place qu'il importe de mettre à l'abri d'un coup de main.

La journée se passa dans de mortelles inquiétudes sur le sort de la colonne de Montagnac. Le lendemain matin, à huit heures, arrivait enfin le hussard Davanne. Il raconta qu'échappé au désastre de la veille il avait vu périr toute la colonne. Vers deux heures, arrivait à son tour le hussard Nathaly, démonté, épuisé de fatigues et qui avait dû se traîner sur les genoux pour atteindre la place, mais il ne put rien apprendre de précis; l'esprit de ce malheureux était égaré. Les journées des 24 et 25 s'écoulèrent avec des alternatives de crainte et d'espoir, quand le 26, à quatre heures du matin, le chasseur Rapin, de la 3ᵉ compagnie (1), parvenait à Djemmâ et annonçait à la fois le désastre du Kerhour et la retraite des carabiniers sur le marabout de Sidi-Brahim. Il faisait erreur en certifiant la destruction de la compagnie de de Géreaux. Quelques heures après, cette troupe d'élite sortait du marabout pour gagner Djemmâ.

---

(1) Rapin échappa aux Arabes en se cachant dans le feuillage d'un figuier touffu, au pied duquel, à l'entrée de la nuit, une dizaine de cavaliers ennemis vinrent se reposer. C'est pendant leur sommeil qu'il parvint à fuir, nu-pieds, en se traînant à terre. Il avait mis trois jours à parcourir les quinze kilomètres qui séparent Sidi-Brahim de Djemmâ.

IV

JOURNÉE DU 26 SEPTEMBRE

Sortie du marabout et retraite sur Djemmâ-Gazaouat. — Destruction des carabiniers dans le ravin de Ouled-Ziri. — Mort du capitaine de Géreaux, du lieutenant de Chappedelaine et de l'aide-major Rozagutti. — Arrivée à Djemmâ de quinze survivants.

OURIR de privations ou tomber les armes à la main, pour la compagnie d'élite du 8e, il n'y a pas une seconde d'hésitation, tous décident qu'il faut sortir du marabout où la résistance est impossible. On percera l'ennemi pour gagner Djemmâ.

Le 26, à sept heures du matin, officiers en tête, ils franchissent la muraille pour courir sur le premier poste arabe qu'ils dispersent à la baïonnette. Le cercle rompu, le carré se ferme sur les blessés, « marche au « nord en ligne droite, se butte à la position des Ouled-« Hammon ; change de direction vers l'est en contour-« nant le Koudiat par le versant sud, et arrive enfin en « vue de Djemmâ. »

Les premiers pas de cette douloureuse retraite sont relativement faciles. Les carabiniers traversent avec un rare bonheur le vaste plateau qui descend vers Djemmâ, ils n'ont perdu qu'un seul homme à Aïn-Selem ; l'espoir renaît, mais l'ennemi à son tour s'est

L'HÉROÏSME DU CAPITAINE DU TERTRE (1845) par A. Chigot. — Salon de 1898

ressaisi, il accourt de toutes parts pressant l'héroïque phalange dont les forces physiques sont à bout.

La traversée du village de Tient coûte trois hommes, au delà il faut s'arrêter pour permettre à la troupe harrassée et dévorée par la soif, de prendre un peu de repos au bord du ruisseau. De Géreaux épuisé somme en vain ses chasseurs de l'abandonner, ceux-ci refusent le portent et l'entourent. La marche se poursuit en carré, Laveyssière la dirige à travers les attaques incessantes des gens de Tient, de Sidi-Amar et des villages environnants. Enfin Djemmâ est en vue, les appels désespérés d'un clairon sont entendus et répétés, les carabiniers vont atteindre la place, ils traversent l'Oued-Melah à quelques minutes au-dessus de son confluent avec l'Oued-Mersa, ils touchent au but, quand surgit un dernier obstacle qui sera leur tombeau. C'est le grand ravin de Djemmâ au fond duquel murmure un clair filet d'eau fraîche. « A cette vue, les chasseurs
« sont comme affolés. Ni prières, ni menaces, ni coups,
« ne peuvent les empêcher de s'y engouffrer, malgré
« les efforts de leur infortuné capitaine qui les supplie
« de souffrir encore quelques instants pour ne pas
« mourir. » (1) Pendant ce temps le flot des Arabes grossit, la masse barre le chemin de Djemmâ, au delà du ruisseau il faut se frayer un passage à la baïonnette et, tel est l'acharnement de la lutte que dans l'espace de quelques mètres, on reforme trois fois le carré.

De Chappedelaine, la carabine à la main, succombe entre les deuxième et troisième carrés, à ce moment les carabiniers sont encore quarante presque tous blessés, c'est encore un groupe compact au milieu duquel se

---

(1) Général du Barrail. — Mes souvenirs, in-8° Paris 1896. Chap. IX. p. 279.

Capitaine de GÉREAUX

De GÉREAUX Louis-François-Oscar, né à Périssac (Gironde), le 8 juillet 1812.

Elève à l'école spéciale militaire, le 17 novembre 1829 ; sous-lieutenant au 8e régiment de ligne, le 1er octobre 1831 ; lieutenant le 28 janvier 1836 ; détaché au bataillon provisoire de chasseurs à pied le 27 novembre 1838 ; passé au bataillon de tirailleurs le 24 septembre 1839 ; capitaine le 25 septembre 1839 ; passé au 1er bataillon de chasseurs, le 28 septembre 1840 ; nommé adjudant-major du 8e bataillon, le 10 avril 1841 ; chef de la compagnie de carabiniers du 8e bataillon, le 3 mai 1842.

Campagnes. — En Belgique, 1832. — En Afrique, 1841, 1842, 1843, 1844, 1845.

Blessures. — Un coup de feu à la cuisse droite, reçu en dirigeant la retraite des carabiniers sur le marabout de Sidi-Brahim.

Décorations. — Chevalier de la Légion d'honneur, le 14 avril 1844.

Citations. — Cité à l'ordre de l'armée, le 8 juillet 1841, pour sa belle conduite aux combats du Scheliff.

De CHAPPEDELAINE Louis-Antoine, né à Sévignac (Côtes-du-Nord), le 26 septembre 1815.

Elève à l'école spéciale militaire, le 15 décembre 1833 ; sous-lieutenant au 21e régiment de ligne, le 1er octobre 1835 ; sous-lieutenant de grenadiers, le 8 mai 1840 ; passé avec son grade

au 8ᵉ bataillon de chasseurs, le 21 octobre 1840 ; lieutenant le 2 janvier 1841.
Campagnes. — En Afrique, 1841, 1842, 1843, 1844, 1845.
Blessures. — Un coup de feu au côté droit, reçu en dirigeant la retraite des carabiniers sur le marabout de Sidi-Brahim.

ROZAGUTTI Antoine-André, né le 12 juin 1806, à Bastia (Corse).
Chirurgien élève, le 26 décembre 1826 ; chirurgien sous-aide, le 10 mai 1830 ; chirurgien aide-major, le 17 octobre 1833 ; chirurgien aide-major au 8ᵉ bataillon de chasseurs, le 8 mars 1842.

tiennent le capitaine de Géreaux, le docteur Rozagutti et l'interprète Lévy. Pendant quelques instants ces braves gens luttent corps à corps, puis Rozagutti est mortellement frappé, de Géreaux, atteint d'une balle à la tête, succombe à son tour, un quatrième carré se forme aussitôt autour de lui, chacun brûle là sa dernière cartouche. Enfin le tourbillon enserre les survivants. Enveloppés de tous côtés, les carabiniers sont fusillés à bout portant malgré les protestations du cheïk des Ouled-Ziri, El-Hady-Kaddour-bel-Haccin, la fin du combat, dit Laveyssière, « devient de la folie, « de la rage, un massacre indescriptible. Pressentant « une tuerie générale, ne prenant conseil que du déses- « poir, résolus au sacrifice de leur vie, les chasseurs, après « s'être encouragés et dit un dernier adieu se précipitent « sur l'ennemi à la baïonnette. » C'est Laveyssière qui jette le commandement suprême, le passage est forcé, cinq hommes se retrouvent debout autour de l'héroïque caporal qui, sans blessures a seul conservé ses armes. (1)

---

(1) Lévy échappa au massacre. Prisonnier des Arabes, il fut délivré le 13 mars 1846, lors du combat de Zahzz livré par Yusuf à Abd-el-Kader. Blessé de trois coups de feu dans cette affaire, le malheureux interprète succomba le soir même des suites de ses blessures. (*Illustration* des 13 et 28 mars 1846. Nᵒˢ 161 et 162.)

Dès les premiers coups de fusil, le capitaine Coffyn posté au sommet du blockaus n° 1, avait aperçu sur le plateau de Haouara un groupe de combattants qu'il eût d'abord de la peine à reconnaître. C'étaient les survivants du 8ᵉ bataillon dont la plupart avaient jeté leur tunique pour marcher et combattre plus à l'aise.

Bientôt les appels du clairon suivis de la marche des chasseurs les désigne plus nettement. Le capitaine fait répondre par le clairon de garde posté sur le fortin qui domine Djemmâ au sud-ouest, et lance à leur secours tous les hommes disponibles hâtivement réunis.

Le détachement commandé par le capitaine Corty du 2ᵉ chasseurs d'Afrique (1), atteint le premier plateau et disperse par des feux de peloton les groupes ennemis les plus avancés.

Au delà on distingue dans la masse arabe un groupe particulièrement agité, c'est le capitaine de Géreaux, debout au milieu de ses hommes contre lesquels les Arabes se ruent avec acharnement. Le tir est impossible, une charge à la baïonnette refoule enfin l'ennemi, mais à ce moment les officiers et soixante chasseurs ont succombé. Quinze hommes seulement sont sauvés, ce sont :

Laveyssière Jean, caporal ; Jean-Pierre, caporal-conducteur ; Siguier, clairon ; Delfieu, Lapparat, Fort, Langevin, Médaille, Antoine, Trécy, Léger, Michel, Audebert, carabiniers ; Langlais, Rismond, chasseurs.

Jean-Pierre et Audebert mouraient en arrivant à Djemmâ, le détachement ramenait avec les survi-

---

(1) Le capitaine Corty était alors de passage à Djemmâ avec cinq cavaliers pour le service de la remonte.

On doit citer comme s'étant particulièrement distingué dans cette affaire, le docteur Artigues, chef de l'ambulance de Djemmâ, qui, un fusil à la main, prit énergiquement part au combat. (Moniteur du 9 octobre 1845.)

Caporal LAVEYSSIÈRE

LAVEYSSIÈRE Jean, né le 23 novembre 1821, à Castelfranc (Lot).

Incorporé au 8º bataillon de chasseurs, le 16 novembre 1842 ; caporal, à la 3º compagnie, le 12 janvier 1845 ; sergent de carabiniers, le 10 octobre 1845 ; chevalier de la Légion d'honneur, le 11 octobre 1845 ; libéré du service, le 31 décembre 1848 ; décédé le 4 juillet 1892, à Castelfranc (Lot).

Après sa libération, Laveyssière accepta et exerça pendant quatorze ans, le modeste emploi d'éclusier sur le canal du Lot, à Puy-Laborde et à Douelle (Aveyron).

Presque aveugle dans sa vieillesse, Laveyssière fut admis le 8 juillet 1883 à l'hospice national des Quinze-Vingts, où il subit avec succès une opération que pratiqua le docteur Fieuzal. (Voir à l'appendice la lettre de Laveyssière au général Faidherbe, grand chancelier de la Légion d'honneur).

vants les corps du capitaine de Géreaux et de huit carabiniers. La sortie coûtait à la garnison, un homme tué et huit blessés.

' Le caporal Laveyssière dont l'énergie morale avait été si remarquable, et qui avait puisé dans cette énergie les forces nécessaires pour rapporter seul sa carabine, fut nommé sergent ; les chasseurs et carabiniers qui

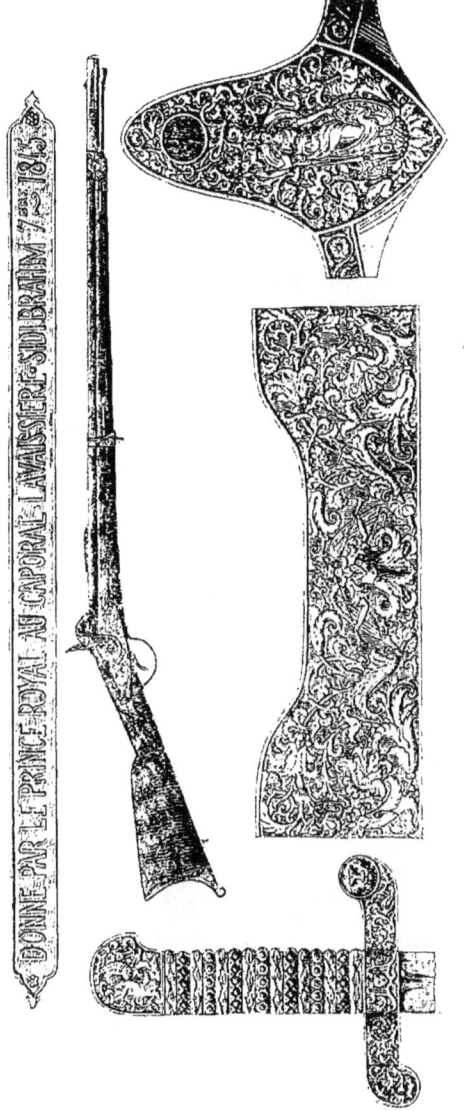

CARABINE D'HONNEUR OFFERTE A LAVEYSSIÈRE
par Son A. R. le Comte de Paris (d'après l'*Illustration* du 16 mai 1846, n° 168)

l'accompagnaient furent nommés caporaux ; tous furent faits chevaliers de la Légion d'honneur. (1)

Enfin, le 6 mai 1846, le général de Lamoricière remettait au sergent Laveyssière, en présence de toute la garnison de Djemmâ, au nom du Roi et de son A. R. le Comte de Paris, une carabine d'honneur, en échange de celle que le héros avait rapportée du combat. Cette arme, sortie des ateliers de Moutier-Lepage, était du récent modèle adopté pour les chasseurs à pied. La chambre est à tige, les garnitures et la poignée du sabre-baïonnette en argent massif ; le canon porte, damasquiné en or, l'inscription suivante :

Le Prince Royal au caporal Laveyssière

Sidi-Brahim — Septembre 1845. (2)

* *

Des 420 soldats du lieutenant-colonel de Montagnac, vingt seulement échappèrent à la mort. Jean-Pierre, caporal et Audebert mouraient en arrivant à Djemmâ, Séguier, Fert et Médaille succombaient en décembre à l'hôpital d'Oran, de souffrances et d'épuisement (3). Delpech, carabinier, Rolland, clairon, Bernard, chasseurs, Nathaly et Davanne, hussards,

---

(1) Décret du 11 octobre 1845.

(2) Cette carabine est aujourd'hui la propriété de la fille aînée de Laveyssière, Madame Sara Lafon, demeurant à Castelfranc (Lot).

(3) Sur la tombe de Séguier, mort le 13 décembre, M. Belleville, lieutenant d'habillement au 8ᵉ bataillon, prononça les paroles suivantes :

« Devais-tu donc mourir sitôt, quand pour prix de ton courage, la Patrie venait
« de te décerner la croix des braves ! La phalange guerrière de Sidi-Brahim t'attend
« là-haut. Va dire à tes frères de combat que votre souvenir vivra éternellement
« dans nos cœurs, comme un exemple d'héroïsme et d'honneur. Adieu, brave Séguier,
« puisse notre admiration parvenir jusqu'à ta famille ; puissent nos regrets se
« mêler à ses larmes et en adoucir l'amertume .. »

échappèrent aux Arabes, le commandant Courby de Cognord, le sous-lieutenant Larrazet, l'adjudant Thomas, le maréchal des logis chef Barbut, les hussards Metz et Trottel, furent rendus contre rançon. Trois cents avaient succombé sur le champ de bataille, les autres devaient mourir en captivité, des suites de leurs blessures, de fatigues, de misères, de mauvais traitements, ou massacrés par les vainqueurs, après avoir épuisé tout ce qu'un soldat d'élite peut donner en courage et en abnégation.

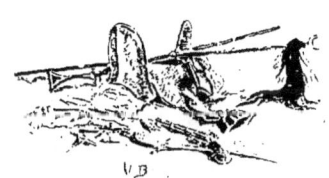

Deuxième Partie

I. Honneurs rendus à la mémoire des combattants de Sidi-Brahim et de Gazaouat.

II. Le massacre.

III. Le retour.

IV. Reddition d'Abd-el-Kader.

V. Biographie et portraits des survivants des combats de Sidi-Brahim et de Djemmâ-Gazaouat.

I

HONNEURS

rendus à la mémoire des combattants de Sidi-Brahim et de Djemmâ-Gazaouat.

ussitôt après le déblocus de Djemmâ par les colonnes Lamoricière et Cavaignac, la première pensée de la garnison fut pour les carabiniers laissés sans sépulture dans le ravin des Ouled-Ziri. Les corps recueillis furent ensevelis dans le vieux cimetière de Djemmâ, sur le versant ouest de Sidi-Ahmar, des croix de la Légion d'honneur furent attachées sur les cercueils contenant ces restes glorieux.

Un massif de maçonnerie en moëllons bruts enduits au ciment, marqua longtemps la sépulture de nos soldats. Ce détail ignoré n'a pas permis d'entretenir leur tombeau, c'est à peine si de nos jours, on peut encore reconstituer au moyen de fragments de caractères, les inscriptions identiques gravées sur les faces est et ouest :

SEPTEMBRE
1845
DE MONTAGNAC
LIEUTENANT-COLONEL

Sur les faces opposées les inscriptions ont complètement disparu, il est impossible d'en reconstituer un seul mot, mais nous pouvons affirmer qu'elles ont porté les noms des officiers du 8ᵉ bataillon et du 2ᵉ hussards tués le 23 septembre 1845 (1).

---

(1) Décision royale du 17 octobre 1845.

L'année suivante, le duc d'Aumale prescrivit d'élever sur l'emplacement même où tomba de Géreaux, un monument durable dont l'exécution fut confiée aux soldats du génie. Ce monument connu sous le nom de « Tombeau des Braves » porte gravé dans l'amortissement, la belle devise militaire : « Honneur et Patrie ».

Au-dessus, sur une dalle en marbre blanc, scellée dans le pignon, on grava :

« A la mémoire des soldats de la compagnie de carabi-
« niers du 8e bataillon de chasseurs d'Orléans et de leurs
« officiers : MM. de Géreaux, capitaine ; de Chappe-
« delaine, lieutenant ; Rozagutti, chirurgien aide-ma-
« jor ; massacrés dans ce ravin par les Arabes, le 26
« septembre 1845. »

Dans le soubassement, une plaque en marbre noir porte l'inscription suivante :

« Derniers débris de la colonne de Montagnac, et ré-
« fugiés au nombre de 79 dans le marabout de Sidi-
« Brahim, ils avaient juré de mourir plutôt que de se
« rendre. Pendant 3 jours, sans vivres, sans eau, ils re-
« poussèrent les attaques d'Abd-el-Kader. Puis, ayant
« brûlé leur dernière cartouche, ils se firent jour à tra-
« vers les Arabes qui les bloquaient. Arrivés à deux
« kilomètres de Nemours, ils furent assaillis par les
« Ouled-Ziri. Tous succombèrent, à l'exception de
« neuf qui purent se réfugier dans la ville. »

Pendant cinquante-trois ans, les ossements des carabiniers reposèrent dans le vieux cimetière de Djemmâ. Le 20 novembre 1899, ils furent exhumés et transférés dans le Tombeau des Braves, après avoir été solennellement bénis par Monseigneur Cantel, évêque d'Oran.

Là, dorment leur dernier sommeil, le capitaine de Géreaux et ses vaillants carabiniers.

TOMBEAU DES BRAVES (Cliché de M. Jouve)
Hauteur totale 4 mètres, largeur 0m,90.

Ce monument s'élève à deux kilomètres de Nemours (Djemmâ), au pied du village des Ouled-Ziri ; au bord de la vieille route de Djemmâ à Tlemcen.

Quelques mois après les tristes journées de Sidi-Brahim, le 11 février 1846, le général Cavaignac se rendait de Bou-Djenane à Nemours par le col du Kerhour avec une colonne mobile destinée à pacifier le pays. Ce ne fut pas sans une émotion profonde que ses troupes qui comptaient dans leurs rangs le 2e hussards et le 8e bataillon, traversèrent ce massif où blanchissaient déjà les os de nos soldats. Hussards et chasseurs étaient mêlés épars autour du Kbouss (1), à toutes les broussailles pendaient des loques de nos uniformes, mais hélas, nos cadavres étaient mutilés, trois seulement avaient encore leur tête. Les autres avaient été tranchées le 23 septembre et transportées en trophées chez les tribus marocaines qui bordent la Moulaïa. Un pieux devoir s'imposait. Formant deux bataillons en ligne, Cavaignac fit battre le terrain pour recueillir les fières dépouilles. Cette funèbre recherche terminée, une fosse provisoire creusée au pied du Kbouss, sur le versant nord, reçut les restes glorieux de nos soldats, et la colonne entière en défilant, arrêtée face au mausolée, envoya un dernier salut aux braves de Nemours. (2).

Une heure après, le détachement atteignait le marabout de Sidi-Brahim, chacun s'y arrêta, cherchant avec anxiété, sur les murs, la trace de la défense mémorable du capitaine de Géreaux : on n'y voyait que du sang, seulement, dans un coin de la muraille, on découvrit,

---

(1) Nom de la hauteur où fut cernée la colonne de Montagnac
(2) D'après un document officiel extrait des archives de la subdivision de Tlemcen.
« Au pied d'un mamelon, dit le général Cavaignac, nous avons trouvé les
« cadavres des soldats qui avaient péri victimes de la trahison. Nous pouvions lire
« sur le sol l'histoire de tous les détails du combat. Un carré régulier d'ossements
« nous montrait le carré qui s'était fait tuer, *Un contre trente*. A côté, une ligne
« d'ossements, qui s'arrêtait au pied de la colline nous représentait la charge des
« hussards jetés *soixante* contre *deux mille*... » Les survivants n'avaient rien exagéré,
chacun était mort à sa place de combat. Rapport du général Cavaignac. (Moniteur du 4 mars 1846).

SERVICE RELIGIEUX
célébré par l'abbé Suchet sur le champ de bataille de Sidi-Brahim, le 1ᵉʳ mars 1847.
(Dessin de l'*Illustration* du 10 avril 1847, n° 215).

écrite au crayon une simple date : *Vingt-six septembre* (1).
« Mais il manquait à ces nobles dépouilles un der-
« nier honneur, le plus sublime de tous, celui que rend
« aux chrétiens la religion qui imprime sur ses œuvres,
« le cachet de l'éternité... » (2)

Le 1ᵉʳ mars 1847, le détachement du colonel de Cotte (3) formé par la colonne Cavaignac chargée de percevoir l'impôt de guerre chez les Traras et les Msirda, quittait son bivouac de Djemmâ avec le vénérable abbé Suchet, vicaire général du diocèse d'Alger, alors de passage à Djemmâ pour l'organisation du service hospitalier. Selon le désir du général, le prêtre et le colonel

---

(1) Général Cavaignac. Rapport cité.
(2) Discours de l'abbé Suchet.
(3) 2 bataillons du 12ᵉ léger, une compagnie du 8ᵉ bataillon, 4 escadrons du 2ᵉ chasseurs, un peloton du 2ᵉ hussards, 4 pièces d'artillerie de montagne du 14ᵉ régiment, une section du génie, un groupe de marins du port de Djemmâ.

s'étaient réunis pour remplir un pieux et dernier devoir envers les morts de Sidi-Brahim.

Après avoir salué le marabout, le détachement explorait le champ de bataille du 23 septembre et recueillait les ossements et les débris échappés aux recherches faites l'année précédente, pour les réunir dans une tombe définitive creusée au sommet du Kbouss, à ceux recueillis par la colonne Cavaignac. Quand tout fut déposé au pied de l'autel improvisé, les troupes défilèrent devant le funèbre amoncellement et formèrent le carré.

Le sacrifice de la messe commença. « Deux planches
« grossières assujetties sur des bâtons façonnés avec
« des arbres voisins servaient de table sainte, le man-
« teau du prêtre, accroché sur deux perches fichées en
« terre, formait le fond de cet autel primitif, un quart
« de soldat posé à terre servait de bénitier, deux fanaux
« de marine provenant de Djemmâ, de flambeaux,
« enfin deux branches d'arbre disposés en croix à
« l'extrémité d'un canon de fusil surmontaient l'autel.
« A l'élévation, les tambours et clairons retentirent
« comme la clameur d'un triomphe dont les impressions
« se reflétaient sur le visage hâlé de nos soldats. » (1)

La messe achevée, l'abbé Suchet prit la parole.

« C'est là, mes amis, que sont morts vos frères
« d'armes ! voilà leurs ossements ! Quatre cents de vos
« camarades, conduits par l'honneur, poussés par un
« généreux courage, affrontèrent dans ce lieu même,
« un ennemi dont leur ardeur méprisa le nombre. C'est
« là qu'un carré de héros devint une enceinte de ca-
« davres ; chacun de ces buissons fut le théâtre d'un
« exploit... Chacune de ces pierres fut un lit d'agonie...

---

(1) Commandant Grandin. Au pays du soleil, in-8°, Edit. Tolza, p. 199.

Ils succombèrent sous le nombre et le sublime cri de Waterloo fut leur mot de ralliement. Ils rendirent leur âme à Dieu, loin de leur patrie, sans avoir reçu les derniers adieux d'un père, d'une mère, d'une fiancée peut-être. Qui nous dira les secrets de la mort ? Qui nous dira ce qui se passe dans l'âme du soldat chrétien à ce moment suprême, alors que, dégagé des illusions d'un monde qui lui échappe à la porte de son éternité, elle va paraître devant Dieu qui l'attend ? Le sentiment religieux qui ne s'éteint jamais dans un cœur noble, se réveille avec intensité. Le doux souvenir des prières d'une mère, d'une sœur, excite en lui le repentir qui ouvre le ciel...

« Ils moururent comme vous savez tous mourir, mes amis, comme meurt le soldat français. Déjà, sans doute, leurs frères d'armes sont venus leur rendre les honneurs militaires, et déposer ici avec leurs regrets des palmes et des couronnes, mais il manquait à ces nobles dépouilles un dernier honneur, le plus sublime de tous, celui que rend aux chrétiens la religion qui imprime sur ses œuvres le cachet de l'éternité,... et c'est ce devoir sacré que nous accomplissons. Ce ne sont point de stériles regrets ni des couronnes qui se flétrissent que nous venons déposer sur la tombe de ces braves... C'est l'auguste victime, immolée pour le salut du monde que nous venons d'y faire descendre. Nous avons demandé au Dieu des armées, d'ouvrir à ces héros, à nos frères, la porte du ciel et que leurs noms ne soient pas seulement écrits sur le marbre et sur le bronze, mais sur le livre éternel des élus. Oui, reposez en paix, braves du 8ᵉ bataillon et du 2ᵉ hussards, Dieu clément vous a reçus dans sa grande miséricorde.

COLONNE MONTAGNAC
Le monument se compose de trois marches en moëllons bruts, hautes de 0m25, d'un massif en maçonnerie de 2 mètres de hauteur formant piédestal, monté sur un socle de 0m30 sur lequel s'élève une pyramide de 5 m. environ (Cliché de M. Jouve).

« Maintenant que la Renommée aille dire à la France que la Religion est venue verser ses vœux, ses prières, ses bénédictions sur la tombe solitaire de Sidi-Brahim ; qu'elle le redise surtout à ces mères, à ces épouses en deuil !... Leurs larmes couleront moins amères et leurs cœurs seront consolés par l'espérance de retrouver, dans une meilleure vie, ceux qu'elles ont perdus.

« Pour nous, messieurs, félicitons-nous de l'acte religieux et solennel que nous venons d'accomplir. Plus tard, sans doute, lorsque des villages et des villes couvriront cette Algérie française, on élèvera ici à cette même place, un monument digne de notre grande et généreuse nation ; et le guerrier viendra, comme autrefois les anciens preux, aiguiser son épée sur la pierre de cette tombe, avant d'aller, s'il en était besoin encore, combattre et vaincre nos turbulents ennemis... » (1)

Après cette allocution écoutée dans le plus profond recueillement, les soldats du génie élevèrent à la hâte un mausolée en terre et en pierres, l'abbé Suchet récita les prières des morts, puis, bénit le modeste monument.

Les soldats y déposèrent ensuite des couronnes et des fleurs, après le défilé les troupes regagnèrent leurs bivouacs, heureuses et fières de l'hommage posthume rendus aux morts de Sidi-Brahim.

Six années passèrent avant que le vœu de l'abbé Suchet fut exaucé. En septembre 1853, le 4ᵉ bataillon de chasseurs en garnison à Djemmâ prit l'initiative de l'érection de la colonne Montagnac. Une pyramide quadrangulaire tronquée, élevée sur l'emplacement

---

(1) *Illustration*. N° du 10 avril 1847, 215, page 93.

EXHUMATION DES OSSEMENTS DES CARABINIERS

où mourut le colonel, domine toute la contrée. Sur ses quatre faces sont gravés les numéros du 2ᵉ hussards et du 8ᵉ bataillon avec les noms inséparables de Montagnac et de Froment-Coste. C'est dans le soubassement de cette pyramide que reposent, rangés symétriquement, les restes glorieux de nos soldats.

Le 18 décembre 1898, le gouverneur général rendait un nouvel hommage aux héros de Sidi-Brahim et de Djemmâ, en inaugurant sur la place d'Armes d'Oran, un monument durable destiné à perpétuer le souvenir de leur action.

Enfin, le 26 août 1900, la ville de Libourne inaugurait la statue du capitaine de Géreaux. L'œuvre du sculpteur Granet représente le capitaine au moment de succomber, le bras droit étendu, la tête renversée en arrière.

Le général Marchal, commandant la 70ᵉ brigade, délégué par le ministre de la guerre, présidait à l'inauguration à laquelle assistaient le clairon Rolland et le sergent Rigouleau, du 8ᵉ bataillon, et toutes les troupes de la garnison.

Ces monuments marquent les étapes successives de ce martyrologe, seul le marabout de Sidi-Brahim a été à peu près oublié. Perdu dans la plaine des Souhalia, il existe encore, délaissé, comme aux jours de la soif où Dutertre payait de sa tête son exemple héroïque. Une plaque commémorative placée en 1879 rappelle simplement le grand drame qui se déroula dans ces murs en 1845.

Mais l'œuvre de réparation n'est pas achevée, il reste à perpétuer par un signe impérissable le nom et les traits de Dutertre, si nous voulons conserver à travers les âges, l'idée de sacrifice, d'abnégation et du mépris

| Com¹ Carné | Rolland | Pègues | Cap⁰ Caffié |
| 2ᵉ hussards | clairon | Sᵗ-four?? | 8ᵉ Bᵒⁿ |

MONUMENT COMMÉMORATIF

élevé sur la Place d'Armes d'Oran à la mémoire des soldats morts à Sidi-Brahim, œuvre de Dalou et Formigé. Inauguré le 18 décembre 1898, en présence des délégations du 2ᵉ hussards et du 8ᵉ bataillon et de deux survivants Pègues et Rolland. (Cliché de l'*Illustration* du 21 janvier 1899, n° 2917).

de la vie sans laquelle le soldat ne peut apporter courageusement la mort.

Les noms des braves qui tombèrent à Sidi-Brahim et à Djemmâ doivent être gravés sur le bronze, le pays leur doit sa reconnaissance, l'histoire son admiration.

Monument élevé à Libourne le 26 août 1900, à la mémoire du capitaine de Géreaux

II

LE MASSACRE

SIX moix se sont écoulés depuis l'affaire de Sidi-Brahim. Réfugié au Maroc sur les hauteurs du Rif, Abd-el-Kader a établi la Deïra entre la Moulaïa et le présidio espagnol ; de temps en temps ses cavaliers apportent soit à Tlemcen, soit à Oran, les lettres de nos prisonniers auxquels l'autorité militaire peut faire parvenir de l'argent et des vêtements d'autant plus nécessaires que la misère la plus profonde règne au camp de l'Emir. Privés de vivres, payés en papier-monnaie discrédité, les contingents arabes abandonnent la Deïra, réduite des trois quarts elle ne peut à la fois assurer la garde et l'entretien des prisonniers, pressée par les Marocains, il lui faut chaque jour fuir l'adversaire en traînant à sa suite les malheureux soldats enlevés aux affaires de Sidi-Brahim et d'Aïn-Témouchent.

Le 15 mars 1846, six hommes malades sont égorgés. La nouvelle de ce massacre partiel, triste prélude du massacre général est apportée à Lalla-Marghnia par le chasseur Bernard du 8ᵉ bataillon.

C'est par le récit aussi simple que modeste du clairon Rolland, que nous connaissons aujourd'hui les détails de ce drame inouï.

Le 27 avril, la Deïra se trouvait campée à quelques kilomètres à l'ouest de la Moulaïa. Les prisonniers occupaient sur le bord de la rivière, une vingtaine de gour-

Maréchal des logis chef BARBUT

BARBUT Pierre-Auguste, né le 10 mai 1816 à Avallon. 2ᵉ régiment de hussards, 10 mai 1838 ; maréchal des logis fourrier le 10 mai 1840; maréchal des logis chef le 1ᵉʳ janvier 1845 ; sous-lieutenant au 5ᵉ régiment de hussards le 27 avril 1847 ; capitaine au 5ᵉ régiment de hussards le 30 mai 1858; chef d'escadron au 12ᵉ chasseurs le 5 octobre 1864 ; lieutenant-colonel au 2ᵉ régiment de dragons le 19 juillet 1870 ; colonel au régiment de cavalerie mixte, le 18 novembre 1870 ; général de brigade, à titre provisoire, le 11 janvier 1871 ; remis colonel au 1ᵉʳ régiment de hussards par décision de la commission de révision des grades, le 18 décembre 1871, pour prendre rang du 18 octobre 1871 ; colonel au 3ᵉ régiment de dragons, le 2 mars 1873 ; retraité le 20 mai 1876; décédé le 25 décembre 1877.

Campagnes. — En Afrique, du 18 juillet 1844 au 23 juillet 1848 ; du 28 avril 1855 au 25 mai 1857 ; du 27 novembre 1857 au 31 mai 1859. — Au Mexique, du 24 juillet 1862 au 18 avril 1867. — Contre l'Allemagne, du 19 juillet 1870 au 7 mars 1871. — En Afrique, du 20 novembre 1871 au 5 janvier 1872.

Blessures et actions d'éclats. — Cité à l'ordre de l'armée, le 13 janvier 1866 pour s'être particulièrement distingué au combat de Lors Lormas (Mexique), le 25 novembre 1865.

Décorations. — Chevalier de la Légion d'honneur, le 31 octobre 1845. — Officier de la Légion d'honneur, le 14 août 1863. — Commandeur de la Légion d'honneur, le 11 janvier 1876. — A reçu la médaille commémorative de la campagne du Mexique. — Officier de N.-D. de la Guadeloupe, le 7 août 1867.

bis élevés au milieu d'un camp de cinq cents réguliers, clos par une enceinte de broussailles fort élevée, dans laquelle deux passages seulement avaient été pratiqués pour que la garde en fut plus facile.

Vers trois heures de l'après-midi, une lettre de l'Emir parvint à la Deïra. Quelques instants après trois cavaliers vinrent chercher dans leurs gourbis les prisonniers que l'Emir voulait épargner. C'étaient : le commandant Courby de Cognord, les lieutenants Larrazet du 8e bataillon, Marin du 15e léger, Hilarin du 41e de ligne, le docteur Cabasse, aide-major du service des hôpitaux, l'adjudant Thomas, le maréchal des logis chef Barbut, les hussards Testard et Trottel, le chasseur Perrin et le soldat Michel du 41e de ligne, ordonnance du lieutenant Marin. (1)

A l'entrée de la nuit les autres prisonniers formés par groupes de sept, furent conduits dans les gourbis des réguliers. « Il y aura quelque chose cette nuit, dit « Rolland à ses camarades ; veillons et tenons-nous « prêts à nous défendre... »

Vers minuit, la détonation d'un coup de fusil et les cris des Arabes donnent le signal du massacre. Armé d'un couteau trouvé deux jours auparavant sur les bords de la Moulaïa, Rolland se précipite au dehors, poignarde un régulier qui lui barre le passage, franchit l'enceinte de broussailles, et parvient, épuisé, sur une hauteur voisine, où il s'arrête quelques instants dans l'espoir d'être rejoint par des camarades. De là, il peut distinguer l'incendie qui dévore les gourbis d'où s'élèvent les cris des

---

(1) Les simples soldats furent épargnés parce que leurs professions les rendaient utiles à la Deïra. Testard et Trottel étaient sellier et cordonnier, Perrin, tailleur et Michel, ferblantier. Grâce à ses galons et à la complicité de ses camarades, qui le firent passer pour un officier, le maréchal des logis chef Barbut fut épargné.

prisonniers lâchement fusillés à mesure qu'ils s'efforcent de sortir des brasiers.

Blessé d'un coup de feu parti d'une embuscade voisine, presque nu, mourant de faim, le clairon erra à l'aventure pendant trois mortelles nuits. Recueilli par un Marocain et vendu pour deux douros quelques jours après, il fut enfin rendu contre rançon, un mois plus tard aux autorités militaires de Lalla-Marghnia.

Dans la reconnaissance du 29 avril, le 8e bataillon découvrait caché dans les broussailles, le carabinier Delpech, échappé comme Rolland au massacre de la Deïra.

III

LE RETOUR

LE 2 novembre 1846, un cavalier arabe venant du Rif, remettait au gouverneur des Présides espagnoles à Mellila (Maroc) un billet écrit au crayon par le commandant Courby de Cognord, ainsi conçu :

« Le chef arabe Mustapha-ben-
« Thami, chargé de la garde des
« prisonniers français : quatre officiers, deux sous-offi-
« ciers, quatre soldats et une cantinière (1), les seuls
« survivants du massacre de la Deïra d'Abd-el-Kader,
« propose leur rançon moyennant une somme de
« quarante mille francs payés comptant. Prière au con-

---

(1) Madame Thérèse Gilles, captive depuis 1833.

« sul du Présidio de vouloir bien en informer par la
« voie la plus rapide, le général qui commande à Oran,
« afin qu'il puisse prendre une décison conforme aux
« vœux des malheureux prisonniers français. »

Le chef d'escadrons du 2ᵉ hussards,
« *Signé :* COURBY DE COGNORD. »

Le gouverneur espagnol fit aussitôt parvenir au général d'Arbouville, commandant par intérim la subdivision d'Oran, le billet du chef d'escadrons et offrit en même temps son concours empressé pour la réussite de cette opération.

L'argent faisait défaut, aucun crédit n'était ouvert pour une dépense aussi imprévue, le payeur-général qui ne demandait qu'à s'associer à l'œuvre, mais qui entendait en même temps couvrir sa responsabilité, exigea qu'on lui fît au moins une violence fictive.

Le général de Lamoricière envoya quatre hommes et un caporal, chargés d'un simulacre de violation de caisse, les quarante mille francs furent comptés en présence du chef d'état-major, le colonel de Martimprey, un procès-verbal dressé devant deux gendarmes certifia la pseudo-soustraction.

Muni de la somme nécessaire, l'enseigne de vaisseau Durande parvint le 9 novembre à Mellila, d'où il informa le commandant Courby de Cognord, qu'il tenait à la disposition de l'Emir, le montant de la rançon des prisonniers.

Après quinze jours d'attente, deux Arabes vinrent annoncer au gouverneur espagnol, que les prisonniers étaient à quatre lieues de la pointe de Betinza, où ils arriveraient le lendemain. Un grand feu allumé sur la hauteur voisine, devait indiquer le point du rivage où se ferait leur remise. Le gouverneur et l'officier français convinrent qu'une balancelle et un canot bien armé, stationneraient le 25 à midi précis, devant la pointe de Betinza.

A l'heure fixée le feu est allumé, la balancelle aborde, quatre à cinq cents cavaliers sont déjà sur la plage, ils annoncent que les prisonniers vont arriver puis se retirent au galop.

Bientôt un nuage de poussière soulevé, par les cavaliers arabes signale l'arrivée de nos soldats. Ben Thami suivi d'un groupe de réguliers s'approche de la balancelle, le moment est solennel, quelques pas seulement séparent les matelots des envoyés de l'Emir.

« Où sont les douros ? » demande le chef arabe. Pour toute réponse Durande lui montre le canot qui croise au large, s'il veut monter à bord, il est libre de compter. Mustapha accepte, la somme est vérifiée et transportée à terre ; puis, comme dans les anciens âges le vainqueur nous rend, contre écus sonnants, les prisonniers épargnés par sa cupidité.

Le 27 novembre, le commandant Courby de Cognord et ses compagnons arrivaient à Djemmâ, où le colonel de Mac-Mahon qui commandait alors le 41° de ligne avait organisé en leur honneur une fête militaire digne de ces glorieux soldats.

A sept heures du matin, dit le capitaine de Castellane, les survivants apparaissent sur le pont de la *Pauline*. Le canot-major du *Caméléon* accoste les rames élevées, salut réservé aux amiraux, et transporte à terre les prisonniers. La foule massée sur le quai est silencieuse, chacun est avide de voir ceux qui ont tant souffert.

Le général de Lamoricière, le premier, tend la main au commandant Courby de Cognord et l'embrasse avec l'effusion d'un soldat, les tambours et clairons battent et sonnent « *aux champs,* » les drapeaux s'inclinent, toutes les têtes se découvrent devant ces héroïques champions du devoir et de l'honneur.

Après la revue, des salves d'artillerie annoncent le défilé. Le 8ᵉ bataillon, sa compagnie de carabiniers en tête avec le lieutenant Larrazet et l'adjudant Thomas ouvre la marche, au premier rang brille l'étoile de l'honneur sur la poitrine de seize soldats.

Le lendemain, le maréchal Bugeaud recevait officiellement au Château-Neuf les prisonniers de la Deïra. Entouré de son état-major, des représentants des corps de la garnison d'Oran et des gens de grande tente des Douairs et des Smélas, le maréchal attend debout, les survivants de Sidi-Brahim.

« Faisant les premiers pas, le maréchal s'incline et
« embrasse chacun d'eux. Puis, dans un élan dont sa
« belle âme possédait le secret, il remercie au nom de
« l'armée, ces débris qui semblaient survivre, pour té-
« moigner que nos jeunes légions d'Afrique avaient
« conservé intactes les traditions d'honneur et d'abné-
« gation, léguées par les bataillons des grandes guer-
« res du premier empire (1). »

---

(1) Commandant Grandin, OC. p. 220. D'après le récit du capitaine de Castellane

IV

REDDITION D'ABD-EL-KADER

Un an après ces événements, en but au refus du sultan, aux poursuites acharnées des Marocains, réduit à la plus affreuse misère, l'Emir se rendait aux Français dont les colonnes lui barrent de toutes parts la route du désert.

Le 23 décembre 1847, suivi de quelques serviteurs, Abd-el-Kader traversait le Kiss pour suivre le même chemin qui l'avait conduit à la facile victoire du Kerhour. Arrivé sur le plateau de Sidi-Brahim, sur l'emplacement même du bivouac des chasseurs, au pied du seul palmier de la région, l'Emir s'arrêta cherchant inutilement du regard le général Lamoricière, « le seul chef, « disait-il, auquel il consentait à remettre son épée » et, attendit fièrement l'arrivée des deux escadrons de chasseurs d'Afrique que le général avait envoyés pour le recevoir pendant qu'il présidait lui-même à l'internement de la Deïra.

Accablé de tristesse mais plein de dignité, l'Emir passa devant le front des escadrons et se rendit lui et les siens au colonel Cousin de Montauban.

Dirigé sur Nemours, Abd-el-Kader traversa le champ de bataille de Sidi-Brahim. Arrivés au pied du marabout, les chasseurs mettent le sabre à la main, les trompettes sonnent « *aux champs* », les fanions s'inclinent. Perdu dans sa rêverie, l'Emir lève la tête, surpris, se fait expliquer cette sonnerie insolite : « En souvenir des braves qui ont défendu le marabout » lui fut-il répondu, et laissant tomber son regard Abd-el-Kader reprit le cours de ses tristes réflexions.

Dès son arrivée l'Emir reçut la visite du général de Lamoricière. « Après l'entrevue, une détente se pro-
« duisit dans cette âme de fer, pendant toute la nuit
« on entendit Abd-el-Kader pleurer et sangloter (1).
« Le lendemain matin, triste mais résigné, monté
« sur sa dernière jument blessée comme lui, l'Emir
« s'avança suivi de quelques serviteurs vers le logis du
« duc d'Aumale : A une certaine distance il mit pied à
« terre, et, conduisant en main sa monture à la manière
« des Arabes lorsqu'ils font acte de soumission, il alla
« rendre hommage au prince et se constituer prison-
« nier. » (2)

C'est aux champs de Sidi-Brahim, là même où deux ans auparavant avaient succombé les soldats de Montagnac, que se terminait la carrière militaire et politique de l'Emir. Par une ironie de la fortune, le marabout de la plaine des Souhalias avait été le muet témoin de son dernier succès et de son dernier revers.

* *

Près d'un demi-siècle s'est écoulé depuis ces événements et les Arabes parlent encore avec admiration de

---

(1) Général du Barrail. OC. t. 11 p. 325.
(2) Keller, député du H¹-Rhin. Vie du général de Lamoricière in-12° Paris 1880. t. 11. p. 63.

cette lutte acharnée et de l'héroïsme de nos soldats (1). Sidi-Brahim marque à la fois le plus beau fait d'armes et le plus grand deuil de l'armée d'Afrique ; les chasseurs le comptent à bon droit comme leur principal titre de gloire ; le souvenir de ces grandes journées reste pour eux la tradition que lègue d'âge en âge la génération qui s'en va à la génération qui grandit. Chaque année, le 23 septembre, le 2e hussards, les officiers et les chasseurs des trente bataillons, unis dans une pieuse pensée, font célébrer un service anniversaire pour le repos de l'âme de leurs aînés. Là-bas, les troupes qui traversent le champ de bataille rendent toujours les honneurs militaires à ceux qui dorment le dernier sommeil au pied des monuments. Si c'est un bataillon de chasseurs, il s'arrête et présente les armes, après le « *rappel* » ses clairons sonnent « *aux champs* » le défilé s'exécute aux sons de la « *Sidi-Brahim* » et de la marche du 8ᵉ bataillon.

Saint-Dié, le 15 mars 1900.

A. PERNOT.

---

(1) Les Arabes ont perdu au Kerhour et devant le marabout 850 hommes tués, et 1200 blessés.

V

SURVIVANTS DE SIDI-BRAHIM

Il existe encore trois hommes du bataillon de Sidi-Brahim, Pègues Jacques, sergent-fourrier ; Léger Gabriel, caporal de carabiniers, et Rolland Guillaume, clairon de carabiniers.

Fert, Médaille et Séguier sont morts à Djemmâ, le 13 décembre 1845, de souffrances et d'épuisement.

Michel, est décédé à Sorrians (Vaucluse), le 4 janvier 1873 ; Delfieu, à Nîmes, le 12 décembre 1875 ; Langevin, à Auch, le 23 juillet 1883 ; Laveyssière, à Castelfranc (Lot), le 4 juillet 1892 ; Trécy, à Chilleurs-aux-Bois (Loiret), le 25 novembre 1895 ; Rimond, à Plan-de-la-Tour (Var), le 20 juillet 1898.

Par suite de l'incendie des archives de la Légion d'honneur en mai 1871, il n'existe plus d'indications sur les nommés Antoine, Langlais et Lapparat. Le silence qui s'est fait autour de leur nom, quand la Chancellerie fit appel aux membres de la Légion d'honneur pour la reconstitution des dossiers, et au moment de l'inauguration du monument de Sidi-Brahim à Oran en 1898, semblent suffisamment témoigner de leur décès.

Laissé à Djemmâ au départ de la colonne de Montagnac pour Sidi-Brahim, Pègues prit part à la sortie du 23 septembre, où il fut assez grièvement blessé au bras gauche d'un coup de fusil tiré à bout portant, M. Pègues est actuellement receveur buraliste des contributions indirectes à Viviez (Aveyron).

Rolland, qui échappa au massacre de la Deïra, accepta en 1854 le modeste emploi de garde communal à Mélagues, canton de Saint-Affrique.

Garde forestier de 3ᵉ classe, le 25 juillet 1865, de 2ᵉ classe, le 26 novembre 1866, de 1ʳᵉ classe, le 14 juin 1873 ; sergent-major forestier à la 28ᵉ compagnie territoriale, Rolland consacre ses dernières années au service de ses concitoyens. Il est actuellement maire de la commune de Lacalm (Aveyron).

PÈGUES Jacques-Louis, né le 21 mai 1821, à Marcillac (Aveyron).

Incorporé au 8ᵉ bataillon de chasseurs, le 11 juin 1842 ; caporal le 27 janvier 1844 ; sergent-fourrier le 21 septembre 1845 ; libéré du service le 31 décembre 1848.

Incorporé au bataillon de chasseurs de la garde comme engagé volontaire pour deux ans, le 22 juillet 1854. Lieutenant en premier de la 1ʳᵉ compagnie dit du 2ᵉ bataillon de mobiles d'Alger le 16 février 1871.

PÈGUES Jacques-Louis
(Cliché communiqué par M. Pègues)

Campagnes. — En Afrique, 1842, 1843, 1844, 1845, 1846. — En Afrique, 1871-72 (insurrection kabyle).

Blessures. — Atteint d'un coup de feu au poignet gauche au combat du 26 septembre 1845, dans le ravin de Djemmâ.

Décorations. — Chevalier de la Légion d'honneur le 26 août 1846 ; a reçu la médaille coloniale le 1ᵉʳ mars 1895.

LÉGER Gabriel
(D'après l'*Illustration* du 17 mars 1900, numéro 2977)

LÉGER Gabriel, né en 1812 à Guéloux (Nièvre). Entré au service au 14ᵉ léger le 16 novembre 1833; libéré le 30 décembre 1839; rentré au service comme remplaçant au 21ᵒ léger le 28 septembre 1840; passé au 8ᵒ bataillon de chasseurs le 27 octobre 1840; carabinier le 21 janvier 1841; caporal de carabiniers le 11 octobre 1845, en récompense de sa belle conduite pendant la retraite de Sidi-Brahim à Djemmâ.

Décorations. — Chevalier de la Légion d'honneur le 21 août 1846; a obtenu la médaille coloniale le 15 avril 1896.

Campagnes. — Afrique, 1841, 1842, 1843, 1844, 1845 et 1846.

Léger est le seul survivant des braves, qui, avec Laveyssière, purent atteindre Djemmâ.

Après sa libération, Léger exerça les emplois de contrôleur des Chemins de fer du Centre à Vierzon, de chef-cantonnier et de facteur rural à Montsauche (Nièvre).

Il quitta le service des postes en 1891, pour l'emploi de receveur-buraliste qui lui avait été primitivement accordé en 1871. Démissionnaire en 1898, Léger, âgé de 88 ans, vit paisiblement au milieu des siens, à Guéloux, canton de Montsauche (Nièvre).

Que Dieu nous garde longtemps encore ces glorieux soldats.

Saint-Dié, le 1er mai 1900.

A. PERNOT.

ROLLAND Guillaume
(Cliché communiqué par M. Pègues)

ROLLAND Guillaume, né le 18 septembre 1821 à Lacalm (Aveyron), entré au service au 8º bataillon de chasseurs le 2 août 1842 ; clairon le 16 janvier 1844 ; prisonnier de guerre le 23 septembre 1845 ; échappé au massacre de la Deïra et rentré au corps le 17 mai 1846 ; clairon de carabiniers le 9 juillet 1846.

Décorations. — Chevalier de la Légion d'honneur le 21 août 1846 ; a obtenu la médaille forestière le 31 octobre 1883 ; a obtenu la médaille coloniale le 21 août 1896.

Campagnes. — Afrique, du 18 novembre 1843 au 29 décembre 1847.

Blessures. — Atteint d'un coup de feu au combat de Sidi-Brahim.

Appendice

I. Lettre du caporal Laveyssière à M. le général Faidherbe, grand chancelier de la Légion d'honneur.

II. État nominatif des militaires tués ou faits prisonniers du 23 au 26 septembre 1845.

III. État nominatif des chasseurs du 8ᵉ bataillon faits prisonniers à Aïn-Témouchent le 28 septembre 1845 et massacrés le 27 avril 1846.

IV. Situation d'effectif de la colonne du lieutenant-colonel de Montagnac.

V. Bibliographie.

Ministère de l'Intérieur

HOSPICE NATIONAL
DES QUINZE-VINGTS

Copie conforme

Grand Chancelier s'intéresse
vivement au caporal Laveyssière,
dernier survivant de Sidi-
Brahim. Voir à l'Assistance pu-
blique la marche à suivre pour
obtenir l'admission de cet homme
à l'hôpital des Quinze-Vingts.
Paris, le 15 juin 1883.
Le Secrétaire Général,
Signé: G¹ ROUSSEAU.

Chef de la Légion d'honneur

Paris, le 5 juillet 1899.

Le caporal Laveyssière à Monsieur le général Faidherbe, grand chancelier de la Légion d'honneur.

Mon Général,

Permettez à un vieux soldat d'Afrique de vouloir bien porter à votre connaissance la situation malheureuse dans laquelle il se trouve vers la fin de sa vie.

Ce vieux soldat, mon général, c'est le caporal Laveyssière, du 8ᵉ bataillon de chasseurs d'Orléans qui planta en 1845, sous le feu d'une fourmilière d'Arabes et de Kabyles, le drapeau français sur le marabout de Sidi-Brahim, soutint la retraite les 23, 24, 25 et 26 septembre et rentra seul homme gradé à Djemmâ-Gazaouat avec ses armes.

Je fus aussitôt décoré, mon général, et le Prince Royal me fit parvenir une carabine d'honneur pour me récompenser d'avoir fait mon devoir dans les terribles combats de Sidi-Brahim.

Je viens de perdre un œil, mon général, après quatre mois d'horribles souffrances, et l'autre est menacé d'avoir le même sort. Je suis bien pauvre, mon général, et n'ai d'autres ressources que les 250 francs de ma décoration ; aussi daignerez-vous avoir pitié du vieux caporal qui, loin de la patrie, a su défendre et sauver l'honneur du drapeau français.

La pauvreté, mon général, n'a rien qui m'attriste ; mais la cécité m'effraye et m'épouvante ; aussi voudrez-vous bien, mon général, me faire admettre pendant quelques jours à l'hôpital des Quinze-Vingts où les hommes de l'art pourront me préserver de ce terrible mal.

Je suis avec le plus profond respect, de Votre Excellence, mon général, le très humble et obéissant serviteur

Caporal à Sidi-Brahim,
Chevalier de la Légion d'honneur,
à Castelfranc (Lot)

Castelfranc, le 13 janvier 1883,

Signé : LAVEYSSIÈRE.

Pour Copie conforme :
Paris, le 5 juillet 1899,
Le Directeur,
Signé : A. PÉPHAU.

II.

HUSSARDS DU 2ᵉ RÉGIMENT

tués au combat de Sidi-Brahim

NOMS	GRADES	NOMS	GRADES
Guichard	Maréchal des logis	Schneider	Cavalier de 1ʳᵉ classe
Gérard	Brigadier	Heiss de	"
Nelig	"	Courcial	"
Berth	"	Eruhst	"
Augustin	"	Ribière	Cavalier de 2ᵉ classe
Chamouillé	"	Ravier	"
Tripot	"	Rondil	"
Box	"	Eucchi	"
Masquillier	Cavalier de 1ʳᵉ classe	Bressieux	"
Schmidt	"	Beaucourt	"
Veisten	"	Esmangeaud	"
Marguin	"	Roustau	"
Mitschler	"	Reveste	"
Giboin	Cavalier de 2ᵉ classe	Renoux	"
Bilmann	"	Bailly	"
Grand	"	Codieux	"
Giovanelli	"	Losel de	"
Mariani	"	Cadrieux	"
Périchon	"	Camus	"
Posti	"	Besson	"
Rouquel	"	Ragnaud	"
Arand	"	Bonnet	"
Boulogne	"	Burckart	Trompette
Roux	"	Steib	"
Ordioni	"	Gangloff	"
Bernay	"	Krempfel	"

CHASSEURS DU 8ᵉ BATAILLON

tués au combat de Sidi-Brahim (1)

Nos Mles	NOMS ET PRÉNOMS	GRADES	LIEUX D'ORIGINE
9	Steyavert François	sergent	Dunkerque (Nord)
40	Merley Jean-Louis	sergent-major de carabiniers	Lafeuillouze (Loire)
279	Betty Jacques	carabinier	Host-Vorth, canton de Villé (Bas-Rhin)
431	Bonnas Laurent	chasseur	Lunéville (Meurthe)
463	Richert Georges	chasseur	Oberdof (Bas-Rhin)
488	Marsac Pierre	chasseur	Bordeaux (Gironde)
498	Simonnet Augustin	chasseur	Troyes (Aube)
512	Dagens Laurent	carabinier	Bordeaux (Gironde)
517	Deyber Georges	chasseur	Didenheim (Haut-Rhin)
526	Boissin Jean	chasseur	Sabran (Gard)
547	Bernard Joseph	sergent	Punerot (Vosges)
549	Baalé Jean	chasseur	Ernstviller (Moselle)
552	Laurent Jean	carabinier	Larochefoucault (Charente)
557	Weil Denis	chasseur	Marmontier (Bas-Rhin)
562	Saint-Jours Joseph	chasseur	Levignac (Landes)
580	Boulard Louis	carabinier	Sedan (Ardennes)
581	Mérigon Antoine	carabinier	Châtillon (Indre)
589	Arrieu Paul	clairon	Bagnères (Haute-Garonne)
592	Sueur Joseph	carabinier	Fréville (Somme)
593	Franck Antoine	carabinier	Reguisheim (Haut-Rhin)
599	Faugeras Pierre	chasseur	Salande (Corrèze)
601	Reynier Martial	chasseur	Chanteix (Corrèze)
610	Dodard Joseph	chasseur	St-Remy-du-Plein (Ile-et-Vilaine)
615	Robin Pierre	chasseur	Saulx (Haute-Saône)
621	Thiriet Claude	chasseur	Louvagny (Ardeunes)
628	Sellier Jean	chasseur	Lyon (Rhône)
634	Dorléans Louis	chasseur	Mennetou (Loir-et-Cher)
641	Harmand Gabriel	carabinier	Allain-aux-Bœufs (Meurthe)
646	Massoni Jean	chasseur	Marignana (Corse)
648	Houet Marc	chasseur	Lafourlandry (Maine-et-Loire)
652	Picq Joseph	chasseur	Saint-Barthélemy (Isère)
665	Guéné Henry	chasseur	Nantes (Loire-Inférieure)

(1) Archives de la Guerre. Registres matricules du 8ᵉ bataillon.

N°s M¹⁰	NOMS ET PRÉNOMS	GRADES	LIEUX D'ORIGINE
689	Fieschi Jules	chasseur	Pétreto (Corse)
695	Hébert Pierre	chasseur	Louppy-le-Petit (Meuse)
697	Bellouard Charles	chasseur	Melay (Haute-Marne)
700	Sijean Augustin	chasseur	Manlet (Haute-Loire)
715	Barthel Laurent	carabinier	Villé (Bas-Rhin)
747	Parrot Nicolas	sergent	Mérondes (Cher)
759	Chartier Denis	chasseur	Bellan-le-Trichard (Orne)
785	Olivier Pierre	chasseur	Cheffoi (Vendée)
793	Maas François	carabinier	Habsheim (Haut-Rhin)
794	Vonthron Nicolas	carabinier	Reguisheim (Haut-Rhin)
800	Georget Louis	chasseur	Bordeaux (Gironde)
810	Maurin Jacques	carabinier	Espezel (Aude)
813	Leroy Pierre	caporal	Laugey (Eure-et-Loir)
818	Fournier François	chasseur	Lapuysaie (Eure-et-Loir)
822	Dupouy Pierre	chasseur	Landigou (Orne)
838	Belœil Victor	chasseur	Savigny-le-Temple (S.-et-M.)
840	Lebrey Pierre	chasseur	Monterollier (Seine-Infér.)
841	Sauron Georges	chasseur	Courpière (Puy-de-Dôme)
843	Cuny Clément	carabinier	Xevillers (Meurthe)
847	Guillaume Isidore	caporal	Doucey (Marne)
852	Merland Charles	chasseur	Montmorillon (Vienne)
857	Michel Jean	caporal	Montségur (Gironde)
858	Wéber Georges	chasseur	Mietherheim (Bas-Rhin)
870	Boédec Olivier	chasseur	Plosseveret (Finistère)
872	Arragon Jean-Baptiste	chasseur	Claviers (Var)
880	Joliot Pierre	carabinier	Villeclaire (Haute-Saône)
882	Vieron Pierre	chasseur	Saint-Martin-de-Fouilloux (Maine-et-Loire)
889	Armand Jean-Baptiste	chasseur	Barret-le-Bas (Hautes-Alpes)
900	Hénon Cyrille	sergent	Braux-Saint-Remy (Marne)
906	Beaudoin Jean	chasseur	Civray (Vienne)
915	Guéry Jean-Baptiste	sergent	Auxonne (Côte-d'Or)
940	Pierre Jean	carabinier	Chervaux (Deux-Sèvres)
952	Carpuat Jean	caporal	Castelmeyran (Tarn-et-Gar⁵)
966	Gouthiers Jean	caporal	Kerpriech (Meurthe)
972	Magnet Jean-Louis	chasseur	Montélimar (Drôme)
975	Garcin Jean-André	chasseur	La Palud (Vaucluse)
990	Mathieu Jean-Louis	clairon	Grenoble (Isère)

Nos Mles	NOMS ET PRÉNOMS	GRADES	LIEUX D'ORIGINE
995	Faure Auguste	sergent	Montélimar (Drôme)
997	Brun François	chasseur	Saint-Laurent (Drôme)
1001	Lacombe Jean-Baptiste	caporal	Villefranche (Tarn)
1002	Auberge Pierre	chasseur	Saint-Huéry (Tarn)
1004	Cuynat Jean	caporal	Bourg-d'Oisans (Isère)
1008	Chazel Alphonse	carabinier	Flaviac (Ardèche)
1015	Augier Antoine	chasseur	Puygéron (Drôme)
1019	Mottin Pierre	chasseur	Miribel (Drôme)
1021	Arthaud Etienne	caporal	Savasse (Drôme)
1024	Contré Etienne	chasseur	Villefranche (Tarn)
1036	Marcel François	carabinier	Corps (Drôme)
1044	Paumé Julien	chasseur	Puygiron (Drome)
1045	Gras Jean	chasseur	Teyssière (Drôme)
1047	Chasseau Charles	chasseur	Roche-Saint-Socret (Drôme)
1061	Mondon Jean	chasseur	Tulettes (Drôme)
1066	Gauthier Antoine	chasseur	Crest (Drôme)
1067	Chevandier Jean	caporal	Valdrôme (Drôme)
1080	Jubelin Guillaume	chasseur	Frugnières (Haute-Loire)
1081	Faidet Pierre	chasseur	Champagnac (Haute-Loire)
1082	Pouveyroux Antoine	chasseur	Champagnac (Haute-Loire)
1083	Vey André	chasseur	Présailles (Haute-Loire)
1085	Arnoux Jean-Pierre	carabinier	Saint-Etienne (Haute-Loire)
1093	Jherme Jean-Baptiste	chasseur	Issarlès (Ardèche)
1097	Garnier Jean-Claude	carabinier	Lissac (Haute-Loire)
1100	Néchances Théophile	carabinier	Montet (Haute-Loire)
1104	Perussel Jean-Baptiste	chasseur	Saint-Jean (Haute-Loire)
1108	Guyot Jacques	carabinier	Saint-Didier (Haute-Loire)
1115	Chave Antoine	chasseur	Tence (Haute-Loire)
1120	Francon Louis	chasseur	Retournac (Haute-Loire)
1131	Vidal Pierre	carabinier	Poulhaguet (Haute-Loire)
1134	Blanc Julien	carabinier	Poulhaguet (Haute-Loire)
1152	Blanc Louis	carabinier	Chaudeyrolles (Haute-Loire)
1164	Martin Victor	chasseur	Vialas (Lozère)
1165	Lacombe Jean-Louis	chasseur	St-Laurent-de-Trèves (Lozère)
1184	Boudon Pierre	caporal	Saint-Chély (Lozère)
1185	Chauvet Joseph	clairon de carabiniers	Saint-Alban (Lozère)
1188	Pascalin Jean-Baptiste	chasseur	Châteauneuf-de-Mazenc (Drôme)

N°	NOMS ET PRÉNOMS	GRADES	LIEUX D'ORIGINE
88	Valat Jean-Pierre	sergent	Ambialet (Tarn)
89	Aymar Louis	chasseur	Isoul (Tarn)
90	Cazes Jean-Antoine	chasseur	Tonnac (Tarn)
97	Gleize Jean-François	chasseur	Grenoble (Isère)
14	Davy Louis	clairon	Gijounet (Tarn)
22	Guiraud Jean-Louis	chasseur	Anglès (Tarn)
33	Lisfrand François	chasseur	Montdredon (Tarn)
44	Chabbert Pierre	chasseur	Terre-Clapier (Tarn)
55	Régi Pierre	carabinier	Venès (Tarn)
86	Molinié Louis	chasseur	Montdredon (Tarn)
88	Puechcalvel Jean	chasseur	Roquecourbe (Tarn)
89	Galinier Auguste	chasseur	Roquecourbe (Tarn)
12	Culié Jean-Pierre	caporal	Sénégas (Tarn)
16	Gui Pierre	chasseur	Sénégas (Tarn)
64	Bousquet Joseph	chasseur	Mandroul (Tarn)
81	Rossignol Louis	chasseur	Béjairolles (Tarn)
87	Fabre Abraham	sapeur	Maussans (Tarn)
88	Rives Jean-Antoine	chasseur	Fréjaizolles (Tarn)
70	Rabaudy Jean	carabinier	Cahuzac (Tarn)
71	Mailhard Jean-Joseph	chasseur	Mailhac (Tarn)
75	Besset François	chasseur	Salles (Tarn)
78	Ravailhe Louis	chasseur	Blaye (Tarn)
82	Ravailhe J.-Antoine	chasseur	Rozières (Tarn)
84	Maurel J.-Antoine	chasseur	Combessac (Tarn)
85	Aurel Jean	chasseur	Salles (Tarn)
01	Pourtier J.-Pierre	chasseur	Mirmande (Drôme)
03	Perray Dominique	sergent	Lyon (Rhône)
08	Perrin François	chasseur	Coublevie (Isère)
03	Faure François	chasseur	Vizille (Isère)
08	Moegling François	caporal	Marckolsheim (Bas-Rhin)
12	Bernard Joseph	chasseur	Oraison (Basses-Alpes)
16	Delmas Joseph	chasseur	Gourdon (Lot)
26	Gibelin François	chasseur	Entrevaux (Basses-Alpes)
28	Philip Jean	chasseur	Entrevaux (Basses-Alpes)
29	Cambredon Pierre	chasseur	Marcillac (Aveyron)
42	Reigner André	clairon	Sarre-Union (Bas-Rhin)
43	Pagnelli Ange	chasseur	Sartène (Corse)

Nos Mles	NOMS ET PRÉNOMS	GRADES	LIEUX D'ORIGINE
1346	Bec Marius	chasseur	Bras-d'Asse (Basses-Alpes)
1348	Roubaud André	chasseur	Beaudain (Basses-Alpes)
1351	Flavius Amable	chasseur	Riez (Basses-Alpes)
1356	Castelin Jean-Joseph	chasseur	Leers (Basses-Alpes)
1359	Payan Paul	carabinier	Sainte-Tulle (Basses-Alpes)
1364	Blanc J.-Joseph	chasseur	Limans (Basses-Alpes)
1365	Luzel Antoine	chasseur	Villeneuve (basses-Alpes)
1370	Pascal Jules	chasseur	Châteauneuf-Miravail (Basses-Alpes)
1377	Reynaud Théodore	chasseur	Claret (Basses-Alpes)
1379	Bauchière Antoine	chasseur	Soleilhas (Basses-Alpes)
1381	Moigne Jean	chasseur	Sépézet (Finistère)
1383	Luquet Joseph	chasseur	Riez (Basses-Alpes)
1386	Souleil Marc	carabinier	Montdredon (Lot)
1399	Costes J.-Jacques	chasseur	Brogniès (Aveyron)
1406	Rebervel J.-Louis	chasseur	Saint-Affrique (Aveyron)
1407	Gastines Auguste	chasseur	Saint-Affrique (Aveyron)
1409	Rouquette Jean	chasseur	Vernhols (Aveyron)
1410	Couderc J.-Antoine	sergent	Cassagnes-Coustaux (Aveyron)
1414	Théron J.-Pierre	clairon	Vaureilles (Aveyron)
1420	Jean Louis	chasseur	Galgan (Aveyron)
1421	Miral Pierre	chasseur	Galgan (Aveyron)
1422	Vinel J.-Pierre	chasseur	Vauveilles (Aveyron)
1425	Laval J.-Pierre	carabinier	Villefranche (Aveyron)
1435	Meynier J.-Baptiste	carabinier	Sainte-Corne (Aveyron)
1440	Solinhac Pierre	chasseur	Sainte-Eulalie (Aveyron)
1446	Antoine Jacques	carabinier	Sévérac (Aveyron)
1451	Nérou Etienne	chasseur	Fenouilley (Pyrénées-Orientales)
1457	Barnole André	chasseur	Nefiach (Pyrénées-Orientales)
1458	Masson Joseph	carabinier	Bagès (Pyrénées-Orientales)
1459	Ferrer Jacques	chasseur	Fourques (Pyrénées-Orientales)
1465	Sarreta J.-Bruno	chasseur	St-André (Pyrénées-Orientales)
1469	Fons Pierre	chasseur	Oms (Pyrénées-Orientales)
1472	Escanyé Antoine	chasseur	Prades (Pyrénées-Orientales)
1475	Bardetys Laurent	carabinier	St-Laur.-de-Cordans (P.-O.)
1483	Borie Pierre	chasseur	Uzech (Lot)
1495	Delcros Louis	chasseur	Montfaucon (Lot)
1503	Bergues Jacques	chasseur	Chégra (Lot)

Mlos	NOMS ET PRÉNOMS	GRADES	LIEUX D'ORIGINE
504	Craix J.-Antoine	carabinier	St-Céré (Lot)
507	Sol André	chasseur	Molières (Lot)
512	Valadié Pierre	carabinier	Martel (Lot)
513	Souillé Antoine	chasseur	Cazillac (Lot)
524	Souscirat Antoine	carabinier	Marminiac (Lot)
530	Séval Jean	carabinier	Concots (Lot)
532	Plezet Pierre	carabinier	Sainte-Eulalie (Lot)
533	Lafage Alexis	chasseur	Figeac (Lot)
536	Pradayrol Jean	carabinier	Figeac (Lot)
538	Lacoste Pierre	carabinier	Lissac (Lot)
541	Seguy Pierre	chasseur	Grézer (Lot)
546	Darnis Pierre	caporal	Prades (Pyrénées-Orientales)
549	Cantagrel Pierre	chasseur	Flanjac (Lot)
555	Bianconi Dieu-Jean	chasseur	Terrano (Corse)
557	Quilici Jean	chasseur	Serra (Corse)
559	Sampieri Jean-Laurent	chasseur	Guinchets (Corse)
561	Serra Paul	carabinier	Olmets (Corse)
562	Guidicelli Antoine	caporal	Aregus (Corse)
566	Silvagnoli Christophe	chasseur	Sainte-Réparata (Corse)
567	Raffali Paul	chasseur	Piédicroce (Corse)
571	Angeli Ange	chasseur	Campi (Corse)
574	Belgodère Pascal	chasseur	Culenzana (Corse)
576	Paoli Pierre	chasseur	Sollaccio (Corse)
587	Bertel Antoine	carabinier	Creysse (Lot)
591	Strapponi Joseph	carabinier	Piétra (Corse)
592	Grisostomi Roch	caporal carabinier	Lugo (Corse)
595	Gretz Jacques	chasseur	Gex (Ain)
596	Nasica Ours	chasseur	Prato (Corse)
598	Maestrati Jules	caporal	Zonza (Corse)
601	Rossignol Antoine	caporal carabinier	Pollionnay (Rhône)
604	Miette Isaï	caporal carabinier	Paris (Seine)
611	Chapeau Isidore	chasseur	Saint-Paul (Vendée)
628	Binet Arnaud	caporal	St-Ybars (Ariège)
635	Eyraud Louis	chasseur	Mens (Isère)
637	Mourre François	chasseur	Lorgues (Var)
645	Joubert André	carabinier	Correnc (Isère)
662	Masanelli Jean	caporal	Vallé (Corse)

N^{os} M^{les}	NOMS ET PRÉNOMS	GRADES	LIEUX D'ORIGINE
1661	Michel Jean	carabinier	Sanilhac (Ardèche)
1667	Bernard Jean-François	chasseur	Togolin (Var)
1668	Bouisson Clément	chasseur	Cuers (Var)
1671	Arnaud Louis	chasseur	Vidauban (Var)
1672	Bouïs Joseph	chasseur	Besse (Var)
1673	Ricord François	carabinier	Cabane (Var)
1675	Flory Honoré	chasseur	Coursegoules (Var)
1678	Farnet Auguste	carabinier	Grimaux (Var)
1685	Bataille Antoine	chasseur	Vals (Ariège)
1693	Bouzaud Jean	chasseur	Fougax (Ariège)
1697	Conte François	carabinier	Gourbit (Ariège)
1699	Estèbe Joseph	chasseur	Saurat (Ariège)
1704	Barthez J.-Pierre	chasseur	Peyrat (Ariège)
1706	Bouche Bernard	chasseur	Montigut (Ariège)
1707	Marty Jean	chasseur	St-Ybars (Ariège)
1709	Balansa Raimond	chasseur	Aux Cordes (Ariège)
1720	Estevin François	clairon	Manjezin (Ariège)
1723	Costesèque François	chasseur	Boussenac (Ariège)
1728	Antras J.-Joseph	chasseur	Illartein (Ariège)
1737	Cauzaubon Sylvestre	chasseur	Olarac (Hautes-Pyrénées)
1738	Fourcade J.-Louis	chasseur	Bordes (Hautes-Pyrénées)
1747	Cazeaux Clément	chasseur	Lourdes (Hautes-Pyrénées)
1754	Theye Dominique	chasseur	Aureizans-Azaut (H^{tes}-Pyr.)
1756	Brau J.-Marie	chasseur	Mérilhem (Hautes-Pyrénées)
1758	Lacome Jean	chasseur	Arrodets (Hautes-Pyrénées)
1761	Sens Bertrand	carabinier	Aspin (Hautes-Pyrénées)
1765	Campan J.-Pierre	chasseur	Bizenistos (Hautes-Pyrénées)
1766	Rumeau François	chasseur	Bizenistos (Hautes-Pyrénées)
1767	Pène Pierre	chasseur	Sost (Hautes-Pyrénées)
1768	Vrébos François	chasseur	Chevry-Cossigny (S.-et-M)
1779	Bétoulle Bernard	chasseur	Limoges (Haute-Vienne)
1780	Bologna François	chasseur	Casagliana (Corse)
1782	Challet Jean	chasseur	Chemillé (Maine-et-Loire)
1794	Scache Modeste	clairon	Cuincy (Nord)
1800	Cavarroc Louis	chasseur	Béduor (Lot)
1810	Jallifier Alexandre	chasseur	Grenoble (Isère)
1811	Raynal Pierre	chasseur	Nègreplisse (Tarn-et-Gar.)
1815	Grange Jean	chasseur	Venissieux (Isère)
1817	Baujé J.-Mathuen	chasseur	Romont (Vosges)

Le commandant Froment-Coste et le capitaine Dutertre à la bataille d'Isly
D'après le tableau d'Horace Vernet (Bataille d'Isly) Musée de Versailles

Il n'existe pas de portrait du capitaine Dutertre
La physionomie de cet officier a été assez exactement reproduite par H. Vernet,
dans le tableau indiqué ci-dessus.

CHASSEURS DU 8ᵉ BATAILLON
faits prisonniers au combat de Sidi-Brahim (1)

Nᵒˢ Mˡᵉˢ	NOMS ET PRÉNOMS	GRADES	LIEUX D'ORIGINE
»	Larrazet Jérôme	sous-lieutenant	Bazas (Gironde)
»	Thomas François	adjudant	Bazas (Gironde)
503	Perrin Jean-Baptiste	chasseur	Epinal (Vosges)
571	Boutte Raymond	carabinier	Magalas (Hérault)
595	Durand Joseph	chasseur	Versailles (Seine-et-Oise)
654	Marie Hippolyte	chasseur	Nantes (Loire-Inférieure)
659	Chatenay Pierre	chasseur	Sornay (Saône-et-Loire)
674	Chateau Jean	caporal	Bordeaux (Gironde)
681	Bitgaret Pierre	chasseur	Sᵗᵉ-Engrace (Basses-Pyrén)
796	Gontier Louis	chasseur	Plouvain (Finistère)
802	Jourdain Fortuné	chasseur	Lacouture (Pas-de-Calais)
804	Thiolly Eugène	chasseur	Beaugency (Loiret)
815	Dognaird Bernard	chasseur	Seix (Ariège)
832	Billoire Emmanuel	carabinier	Valenciennes (Nord)
887	Mozer Jean-Baptiste	caporal	Plancher-Bas (Haute-Saône)
891	Alexandrie François	caporal	Piana (Corse)
903	Durain Joseph	chasseur	Gerbéviller (Meurthe)

(1) D'après le contrôle établi par le commᵗ Courby de Cognord quelques jours après le combat

CHASSEURS DU 8ᵉ BATAILLON
faits prisonniers au combat de Sidi-Brahim

LEUR CONDUITE PENDANT LE COMBAT	DÉTAIL DES BLESSURES
Au moment où la compagnie du capitaine de Chargère fut enveloppée, cet officier a fait preuve d'un grand courage en ralliant tous les hommes qui n'étaient pas blessés mortellement. Il s'est défendu dans cette position jusqu'au moment où il reçut deux blessures qui le firent tomber. C'est à la suite de cette honorable conduite qu'il fut fait prisonnier.	Coup de yatagan à la partie supérieure de la tête ; coup de yatagan à la joue droite
Après que le capitaine Burgard fut tué, n'ayant pas d'autres officiers dans cette compagnie, il rallia tous les hommes qui étaient restés debout, et, après les avoir groupés autour des cadavres du commandant et des capitaines, il se défendit dans cette position jusqu'à la dernière extrémité.	»
A été pris sur le piton en défendant la dernière position, s'est conduit en brave soldat.	Un coup de yatagan au bras droit, l'autre à la jambe gauche.
A été pris après la sortie du marabout, près de Djemmâ, en se défendant auprès du corps du capitaine de Géreaux	»
A été pris en combattant auprès du commandant Froment-Coste.	»
A été pris auprès du capitaine de Chargère, au moment où cette compagnie fut complètement enveloppée.	Coup de yatagan.
A été pris après la sortie du marabout, près de Djemmâ, en se défendant auprès du corps du capitaine de Géreaux.	»
A été pris en combattant auprès du commandant Froment-Coste.	»
Cet homme m'a été signalé par M. Larrazet, sous-lieutenant comme s'étant très bien conduit pendant le combat.	Coup de feu à la tête, l'autre à la cuisse gauche.
A été pris au moment de la défaite des compagnies commandées par MM. de Chargère, capitaine, de Raymond, lieutenant, et Larrazet, sous-lieutenant.	Coup de feu au côté gauche
Id.	»
A été pris en combattant auprès du commandant Froment-Coste.	»
Id.	Un coup de feu au bras droit coup de yatagan à la tête.
A été pris auprès du capitaine de Chargère, au moment où cette compagnie fut complètement enveloppée.	Coup de feu à la tête.
A été pris au moment de la défaite des compagnies commandées par MM. de Chargère, capitaine, de Raymond, lieutenant, et Larrazet, sous-lieutenant.	»
Ce caporal m'a été signalé par M. Larrazet, sous-lieutenant, comme s'étant très bien conduit pendant le combat.	Un coup de feu à l'abdomen
A été pris après la sortie du marabout, près de Djemmâ, en se défendant auprès du corps du capitaine de Géreaux.	Coup de feu à la main droite.

Nos Mles	NOMS ET PRÉNOMS	GRADES	LIEUX D'ORIGINE
911	Delcroix Etienne	chasseur	Auxonne (Côte-d'Or)
918	Poyée Jean	carabinier	Paule (Côtes-du-Nord)
922	Garnier Pierre	chasseur	Uzel (Côtes-du-Nord)
967	Beylier Charles-Jean	sergent-fourrier	Grenoble (Isère)
974	Guyenet Henri	chasseur	Bourg-du-Péage (Drôme)
980	Rolland Guillaume	clairon	Lacalm (Aveyron)
1028	Koustan Jean-Louis	chasseur	Portes (Drôme)
1029	Dupont Vincent	chasseur	Montélimar (Drôme)
1040	Gomet Fabien	chasseur	Teyssière (Drôme)
1072	Mialte Jean-Pierre	chasseur	Lyas (Ardèche)
1095	Mollet Philippe	clairon	Nevers (Nièvre)
1096	Guittet Laurent	chasseur	Neuilly-le-Réal (Allier)
1137	Chevreau Jacques	chasseur	St-Symphorien (Haute-)
1156	Bertrand Jean	chasseur	Brioude (Haute-Loire)
1169	Bouquet Joseph	chasseur	Rocles (Lozère)
1171	Buisson J.-François	chasseur	La Camourgue (Lozère)
1173	Moulin J.-Antoine	caporal	Chanac (Lozère)
1183	Galtier Anselme	chasseur	Nismes (Lozère)
1189	Balmont Jacques	chasseur	Ecully (Rhône)
1192	Martel Louis	clairon	Lemps (Drôme)
1224	Vessiat François	chasseur	Anglès (Tarn)

LEUR CONDUITE PENDANT LE COMBAT	DÉTAIL DES BLESSURES
A été pris en combattant auprès du commandant Froment-Coste.	»
A été pris après la sortie du marabout, près de Djemmâ, en se défendant auprès du corps du capitaine de Géreaux.	Coup de feu à la région sacrée
A été pris en combattant auprès du commandant Froment-Coste.	Deux coups de feu.
Ce sous-officier, quoique grièvement blessé à la main droite, a constamment secondé l'adjudant Thomas et a fait preuve de beaucoup de courage.	Coup de feu à la main droite avec fracture.
A été pris au moment de la défaite des compagnies commandées par MM. de Chargère, capitaine, de Raymond, lieutenant, et Larrazet, sous-lieutenant.	»
A été pris en combattant auprès du commandant Froment-Coste.	Coup de feu à la fesse gauche
A été pris sur le piton en défendant la dernière position, s'est conduit en très brave soldat.	Coup de feu au pied droit.
A été pris au moment de la défaite des compagnies commandées par MM. de Chargère, capitaine, de Raymond, lieutenant, et Larrazet, sous-lieutenant.	Coup de feu à l'épaule droite.
Cet homme m'a été signalé par M. Larrazet, sous-lieutenant, comme s'étant très bien conduit pendant le combat.	Coup de feu au genou gauche, l'autre au pouce droit.
A été pris au moment de la défaite des compagnies commandées par MM. de Chargère, capitaine, de Raymond, lieutenant, et Larrazet, sous-lieutenant.	»
A été pris auprès du capitaine de Chargère au moment où cette compagnie fut complètement enveloppée.	Un coup de yatagan à la tête et l'autre au poignet droit
A été pris au moment de la défaite des compagnies commandées par MM. de Chargère, capitaine, de Raymond, lieutenant, et Larrazet, sous-lieutenant.	Coup de yatagan à la tête et l'autre à l'épaule droite.
A été pris sur le piton en défendant la dernière position, s'est conduit en brave soldat.	Un coup de feu à la tête, un coup de feu à la fesse gauche
A été pris au moment de la défaite des compagnies commandées par MM. de Chargère, capitaine, de Raymond, lieutenant, et Larrazet, sous-lieutenant.	»
Estropié du bras gauche, suite d'un coup de fusil, qu'il a reçu au moment où les premières compagnies furent enlevées.	Coup de feu dans l'articulation de l'os écrano du bras gauche.
A été pris après la sortie du marabout, près de Djemmâ, en se défendant auprès du corps du capitaine de Géreaux.	»
A été pris en combattant auprès du commandant Froment-Coste.	Un coup de feu à la tête.
A été pris au moment de la défaite des compagnies commandées par MM. de Chargère, capitaine, de Raymond, lieutenant, et Larrazet, sous-lieutenant.	»
Id.	Coup de yatagan à l'épaule droite.
A été pris en combattant auprès du commandant Froment-Coste.	»
A été pris près du capitaine de Chargère, au moment où cette compagnie fut complètement enveloppée.	Coup de yatagan à la tête.

Nᵒˢ Mˡˢ	NOMS ET PRÉNOMS	GRADES	LIEUX D'ORIGINE
1251	Andrieux Léon	sergent	Castres (Tarn)
1311	Bellont Pierre	sergent-fourrier	Villefranche (Aveyron)
1322	Fayt Etienne	caporal	Saint-Geniès (Aveyron)
1331	Julien Jean-Antoine	chasseur	Chanpterner (Basses-Alp)
1334	Delour Jean-Baptiste	chasseur	Gaillac (Aveyron)
1349	Gallus Jean-Antoine	chasseur	Riez (Basses-Alpes)
1354	Morasse Joseph	clairon	Greoulx (Basses-Alpes)
1362	Ismaël François	chasseur	Castellane (Basses-Alpes)
1372	Chauvin Jean-Pierre	chasseur	Sisteron (Basses-Alpes)
1401	Blancard Jacques	chasseur	Brogniès (Aveyron)
1405	Caubel Mansis	chasseur	Roquefort (Aveyron)
1412	Durand Jean	chasseur	Milhau (Aveyron)
1427	Trail Bernard	chasseur	Durergue (Aveyron)
1441	Froment Jean-Antoine	chasseur	Sᵗ-Geniez (Aveyron)
1443	Comeil Jean	chasseur	Montagnol (Aveyron)
1453	Parès Hippolyte	caporal	Tantavel (Pyrénées-Orien)
1456	Malet Jean-Pierre	chasseur	Plassèzes (Pyrénées-Orie)
1477	Bollot Michel	chasseur	Rodes (Pyrénées-Orienta)
1478	Bonneil Joseph	chasseur	Catlar (Pyrénées-Orient)
1482	Durand François	chasseur	Sansa (Pyrénées-Orien'a)
1520	Laccan Joseph	chasseur	Salviac (Lot)

LEUR CONDUITE PENDANT LE COMBAT	DÉTAIL DES BLESSURES
S'est admirablement conduit par l'exemple de bravoure qu'il n'a cessé de donner quoiqu'étant grièvement blessé.	Un coup de feu à la joue, l'autre à la main droite, deux coups de yatagan.
S'est parfaitement conduit jusqu'au moment où il est tombé au pouvoir des Arabes, à la défaite de la compagnie du capitaine de Chargère.	»
Ce caporal m'a été signalé par M. Larrazet, sous-lieutenant, comme s'étant très bien conduit pendant le combat.	Coup de feu et yatagan à la tête, coup de poignard au poignet droit
A été pris près du capitaine de Chargère, au moment où cette compagnie fut complètement enveloppée.	Un coup de yatagan à la tête.
A été pris en combattant auprès du commandant Froment-Coste.	Coup de yatagan à la tête.
Id.	»
A été pris au moment de la défaite des compagnies commandées par MM. de Chargère, capitaine, de Raymond, lieutenant, et Larrazet, sous-lieutenant.	Coup de feu à l'abdomen
Cet homme m'a été signalé par M. Larrazet, sous-lieutenant comme s'étant très bien conduit pendant le combat.	Deux coups de feu aux deux cuisses, coup de poignard dans l'abdomen.
A été pris au moment de la défaite des compagnies commandées par MM. de Chargère, capitaine, de Raymond, lieutenant, et Larrazet, sous-lieutenant.	»
A été pris sur le piton en défendant la dernière position, s'est conduit en brave soldat.	Deux coups de feu au bras gauche.
A été pris au moment de la défaite des compagnies commandées par MM. de Chargère, capitaine, de Raymond, lieutenant, et Larrazet, sous-lieutenant.	Coup de feu à la tête.
A été pris en combattant auprès du commandant Froment-Coste.	»
A été pris au moment de la défaite des compagnies commandées par MM. de Chargère, capitaine, de Raymond, lieutenant, et Larrazet, sous-lieutenant.	Un coup de feu
Id.	»
A été pris auprès du capitaine de Chargère, au moment où cette compagnie fut complètement enveloppée.	Coup de feu à la tête.
Ce caporal, qui a reçu 12 blessures, a eu constamment une conduite au-dessus de tout éloge, il a été pris sur le piton, en défendant la dernière position	Deux coups de feu, trois coups de yatagan, sept coups de poignard.
A été pris en combattant auprès du commandant Froment-Coste.	Coup de feu au côté droit.
A été pris auprès du capitaine de Chargère, au moment où cette compagnie fut complètement enveloppée.	»
A été pris au moment de la défaite des compagnies commandées par MM. de Chargère, capitaine, de Raymond, lieutenant, et Larrazet, sous-lieutenant.	Coups de feu au bras droit et au poignet gauche, un coup de yatagan.
A été pris sur le piton en défendant la dernière position, s'est conduit en brave soldat.	Un coup de feu à la cuisse gauche, un au bras droit, l'autre au bras gauche.
A été pris au moment de la défaite des compagnies commandées par MM. de Chargère, capitaine, de Raymond, lieutenant, et Larrazet, sous-lieutenant.	Coup de yatagan à la tête.

Nos Mles	NOMS ET PRÉNOMS	GRADES	LIEUX D'ORIGINE
1531	Delpech Joseph	chasseur	Luganhac (Lot)
1542	Vidal Jean	chasseur	Gramat (Lot)
1551	Desprat Jean	chasseur	Flanjac (Lot)
1586	Poggi Pierre	chasseur	Farinole (Corse)
1599	Bernard Louis	chasseur	Paris (Seine)
1658	Perrin Jules	chasseur	Grenoble (Isère)
1670	Cotte Eugène	chasseur	Luc (Var)
1681	Denoux Jean-Marie	chasseur	Lyon (Rhône)
1684	Rieux Jean	chasseur	Uston (Ariège)
1695	Franck Jeannot	chasseur	Lercoul (Ariège)
1705	Mardereau Raymond	chasseur	Esclagne (Ariège)
1733	Balestet Bernard	chasseur	Lamayon (Basses-Pyrénées)
1774	Elie Léon	chasseur	Rochefort (Charente-Inf^{re})
1814	Durousact Benoit	chasseur	Belleroche (Loire)
1817	Sertorius Claude	chasseur	Coutances (Manche)
1839	Bourdin Stanislas	chasseur	Darnetol (Seine-Inférieure)

Nombre de blessures	LEUR CONDUITE PENDANT LE COMBAT	DÉTAIL DES BLESSURES
»	A été pris au moment de la défaite des compagnies commandées par MM. de Chargère, capitaine, de Raymond, lieutenant, et Larrazet, sous-lieutenant.	»
»	A été pris après la sortie du marabout, près de Djemmâ, en se défendant auprès du corps du capitaine de Géreaux.	»
4	Cet homme m'a été signalé par M. Larrazet, sous-lieutenant, comme s'étant très bien conduit pendant le combat.	Deux coups de feu à la tête, un à la main gauche, et un coup de yatagan.
»	A été pris en combattant auprès du commandant Froment-Coste.	»
2	A été pris au moment de la défaite des compagnies commandées par MM. de Chargère, capitaine, de Raymond, lieutenant, et Larrazet, sous-lieutenant.	Coup de feu à la tête, l'autre au genou.
1	A été pris sur le piton en défendant la dernière position, s'est conduit en très brave soldat.	Coup de yatagan à la tête.
»	A été pris après la sortie du marabout, près de Djemmâ, en se défendant auprès du corps du capitaine de Géreaux.	»
1	A été pris en combattant auprès du commandant Froment-Coste.	Coup de feu au côté gauche.
3	Cet homme m'a été signalé par M. Larrazet, sous-lieutenant comme s'étant très bien conduit pendant le combat.	Coup de yatagan au col, deux coups de baïonnette à l'épaule droite.
»	A été pris au moment de la défaite des compagnies commandées par MM. de Chargère, capitaine, de Raymond, lieutenant, et Larrazet, sous-lieutenant.	»
1	Id.	Coup de yatagan à la tête.
1	A été pris après la sortie du marabout, près de Djemmâ, en se défendant auprès du corps du capitaine de Géreaux.	Coup de feu à l'abdomen.
1	A été pris au moment de la défaite des compagnies commandées par MM. de Chargère, capitaine, de Raymond, lieutenant, et Larrazet, sous-lieutenant.	Coup de yatagan à la tête.
1	Id.	Id.
»	A été pris en combattant auprès du commandant Froment-Coste.	»
1	Après s'être conduit avec un grand courage, a reçu, près du capitaine de Chargère, un coup de feu qui a nécessité l'amputation du bras gauche, qu'il a supportée également avec beaucoup de courage.	Coup de feu dans l'articulation du coude gauche, avec fracture.

V

SITUATION D'EFFECTIF

De la colonne du Lieutenant-Colonel de Montagnac

AU DÉPART	Hussards . . . . 68 Chasseurs . . . . 349 Soldats du train et ordonnance . . 3	
	TOTAL	420
TUÉS	Hussards . . . . 52 Chasseurs . . . . 256 Soldats du train et ordonnance 3	311
PRISONNIERS	Hussards . . . . 14 Chasseurs 75	89
Echappés le 23, ou rentrés à Djemmâ le 26	Hussards . . . . 2 Chasseurs 18	20
	TOTAL ÉGAL A L'EFFECTIF	420

IV

CHASSEURS DU 8ᵉ BATAILLON

faits prisonniers à Aïn-Témouchent le 28 Septembre 1845
et massacrés le 27 Avril 1846

Nᵒˢ Mˡᵉˢ	NOMS ET PRÉNOMS	GRADES	LIEUX D'ORIGINE
579	Collot Etienne	sergent	Pouligny (Indre)
653	Badaire Edmond	chasseur	Vendôme (Loir-et-Cher)
1176	Salandon Jean	chasseur	Palhers (Lozère)
1317	Chemiu Claude	chasseur	Laval (Isère)
1625	Marage Florentin	chasseur	Carignan (Ardennes)
1630	Boulon François	caporal	Séchilienne (Isère)
1656	Potel Louis	caporal	Cléon (Seine-Inférieure)
1690	Sourre Jean-Baptiste	carabinier	Au Cose (Ariège)
1691	Dunac Jean	chasseur	Roque-Fixade (Ariège)
1696	Blazy Jean	chasseur	Saunat (Ariège)
1719	Gouaze Jean-Pierre	chasseur	Mercenac (Ariège)
1740	Guinle Jean-Pierre	chasseur	Houre (Hautes-Pyrénées)
1741	Burns Jean-Germain	chasseur	Tarbes (Hautes-Pyrénées)
1744	Courreau François	chasseur	Saint-Pé (Hautes-Pyrénées)
1749	Dufeuillan J.-Marc	chasseur	Lourdes (Hautes-Pyrénées)
1752	Mercère Jean-Philippe	chasseur	Arrens (Hautes-Pyrénées)
1762	Legal François	chasseur	Loudéac (Côtes-du-Nord)
1778	Peyriga Baptiste	carabinier	Asque (Hautes-Pyrénées)
1785	Bajot Jean	chasseur	Juillac-le-Coq (Charente)
1790	Marry Hippolyte	carabinier	Etrœungt (Nord)
1792	De Reyster René	chasseur	Dunkerque (Nord)
1804	Mérignon Pierre	chasseur	Lorques (Var)

II

Quand votre pied rapide et sûr
Rase le sol, franchit l'abîme,
On croit voir, à travers l'azur,
L'aigle voler de cime en cime.
Vous roulez en noirs tourbillons
Et parfois, limiers invisibles,
Vous vous couchez dans les sillons
Pour vous relever plus terribles.

III

Aux champs où l'Oued-Had suit son cours,
Sidi-Brahim a vu nos frères,
Un contre cent, lutter trois jours.
Contre des hordes sanguinaires.
Ils sont tombés silencieux
Sous le choc, comme une muraille.
Que leurs fantômes glorieux
Guident nos pas dans la bataille.

IV

Héros au courage inspiré,
Nos pères conquirent le monde,
Et le monde régénéré
En garde la trace féconde !
Nobles aïeux, reposez-vous !
Dormez dans vos couches austères,
La France peut compter sur nous :
Les fils seront dignes des pères.

V

Surprise un jour, frappée au cœur,
France, tu tombas expirante,
Le talon brutal du vainqueur
Meurtrit ta poitrine sanglante.
O France, relève le front
Et lave le sang de ta face :
Nos pas bientôt recueilleront
Les morts de Lorraine et d'Alsace.

Le commandant Froment-Coste.

D'après un portrait appartenant au 8ᵉ bataillon de chasseurs

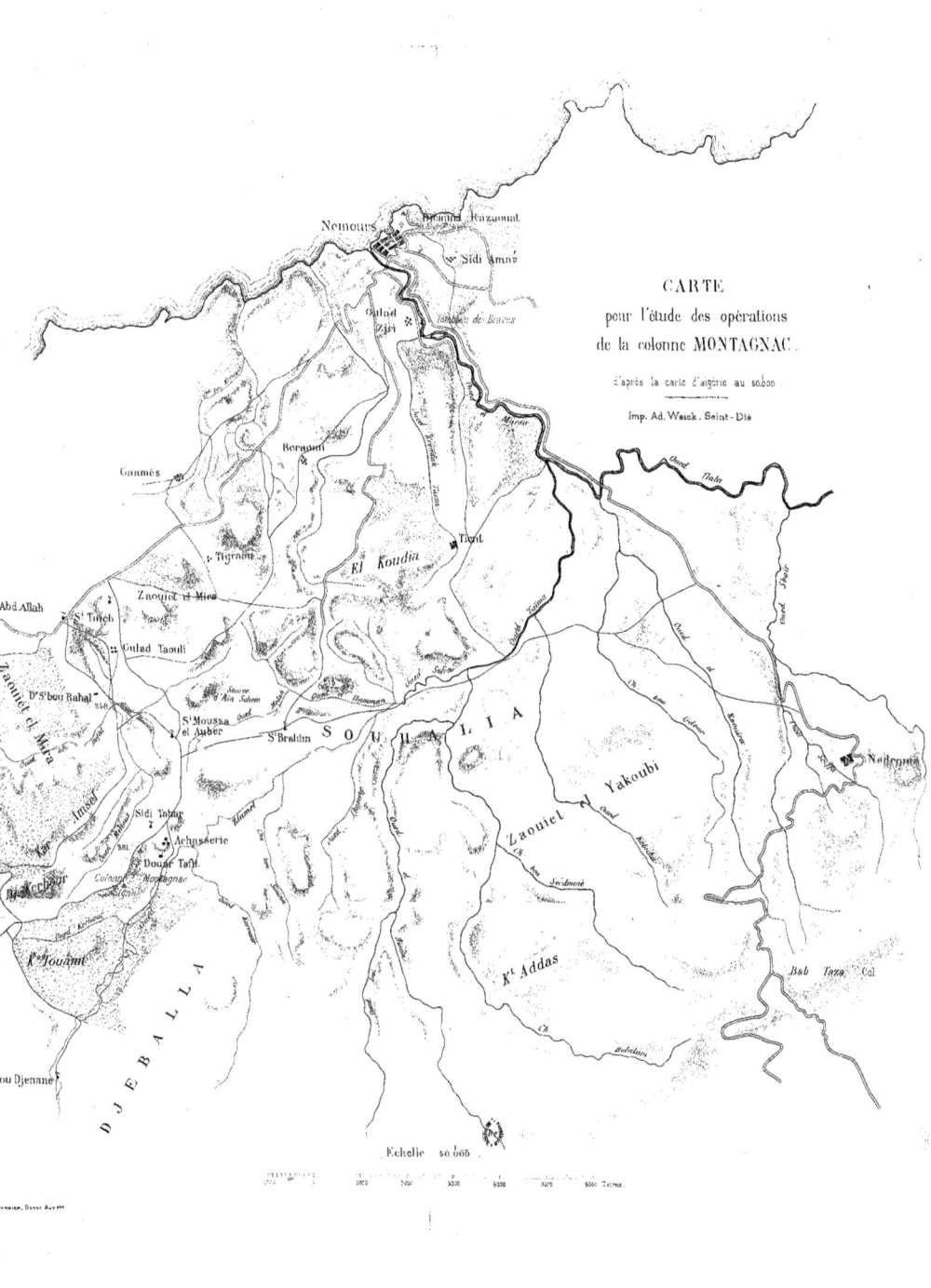

TABLE DES MATIÈRES

Première Partie - Avant-Propos

Pages

I. — PRÉLIMINAIRES. 7

II. — JOURNÉE DU 23 SEPTEMBRE. — Destruction des deux pelotons de hussards et des 3ᵉ et 7ᵉ compagnies. — Mort du lieutenant-colonel de Montagnac. — Destruction de la 2ᵉ compagnie. — Mort du commandant Froment-Coste. — Prise du commandant Courby de Cognord 14

III. — JOURNÉES DES 24 ET 25 SEPTEMBRE. — Retraite du capitaine de Géreaux sur le marabout de Sidi-Brahim. — Conduite héroïque du capitaine adjudant-major Dutertre 25

IV. — JOURNÉE DU 26 SEPTEMBRE. — Sortie du marabout et retraite sur Djemmâ-Gazaouat. — Destruction des carabiniers dans le ravin de Ouled-Ziri. — Mort du capitaine de Géreaux, du lieutenant de Chappedelaine, et de l'aide-major Rozagutti. — Arrivée à Djemmâ de quinze survivants 32

Deuxième Partie

I. — HONNEURS rendus à la mémoire des combattants de Sidi-Brahim et de Djemmâ-Gazaouat. 45

II. — LE MASSACRE 58

III. — LE RETOUR 61

IV. — REDDITION D'ABD-EL-KADER 65

V. — BIOGRAPHIE ET PORTRAITS des survivants des combats de Sidi-Brahim et de Djemmâ-Gazaouat . 68

Table des Cartes, Tableaux, Portraits
ET MONUMENTS

CARTES
Pages

I. — Croquis pour servir à l'étude des opérations de la colonne du général Cavaignac . . . .   »

II. — Croquis du champ de bataille du Kerhour . . .   »

III. — Carte d'ensemble des environs de Djemmâ-Gazaouat et de Sidi-Brahim . . . .   »

PORTRAITS

Portrait du lieutenant-colonel de Montagnac		15
»	du commandant Courby de Cognord	19
»	du capitaine de Géreaux	35
»	du caporal Laveyssière	39
»	du colonel Barbut	59
»	du commandant Froment-Coste	99

TABLEAUX

Combat de Sidi-Brahim, par A. Chigot   22
Héroïsme du capitaine Dutertre, par A. Chigot   33
Carabine d'honneur du caporal Laveyssière   39
Service religieux célébré sur le champ de bataille de Sidi-Brahim   49
Exhumation des ossements des carabiniers   54
Le commandant Froment-Coste et le capitaine Dutertre à la bataille d'Isly   85

MONUMENTS

Marabout de Sidi-Brahim   24
Tombeau des Braves   47
Colonne Montagnac   52
Monument commémoratif érigé à Oran   56
Monument élevé à Libourne à la mémoire du capitaine de Géreaux   57

BIBLIOGRAPHIE

Historiques	Du 2ᵉ régiment de hussards et du 8ᵉ bataillon de chasseurs.
Montagnac de	Correspondance inédite du colonel de Montagnac, publiée par son neveu, in-8º Paris 1886.
ourié, cap^{ne} } du 2ᵉ rég^t arçon, lieut^t } de zouaves	Le combat de Sidi-Brahim. Manuscrit.
ègues, ex-serg^t-fourrier au 8ᵉ b^{on} de chasseurs	Souvenirs militaires algériens. Combat de Sidi-Brahim, in-8º Alger 1887.
Aumale duc d'	Les zouaves et les chasseurs à pied, in-12º 1885.
De Barrail, général	Mes souvenirs in-8º Paris 1896.
ourby de Cognord, com^t	Rapport sur le combat de Sidi-Brahim. Moniteur de l'Armée du 30 octobre 1845.
Moniteur universel	1845. Nᵒˢ des 6, 9, 17, 25 et 30 octobre.
Id.	1846. Nᵒˢ des 4 mars, 31 mai, 1ᵉʳ et 2 juin.
Id.	1848. Nº du 2 juin,
Moniteur de l'Armée	1845. Nº du 9 octobre (Rapport du commandant de Martimprey.
Illustration	1845. Nº 141.
Id.	1846. Nᵒˢ 161 et 162.
Id.	1847. Nᵒˢ 168, 215 et 218.
Id.	1900. Nº 2977.
Grandin, commandant	Au pays du soleil, in-8º Tolra (Rennes).
Keller, député du H^t-Rhin	Vie du général Lamoricière, in-12º Paris 1880.
Lettres	Du général d'Exéa, des familles Froment-Coste, Dutertre, Barbut, Pègues, Rolland, Léger.
Archives de la subdivision de Tlemcen	

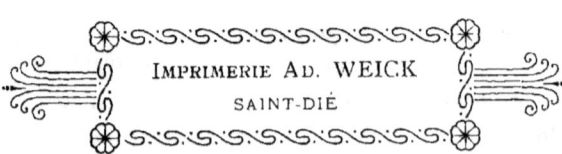

www.ingramcontent.com/pod-product-compliance
Lightning Source LLC
Chambersburg PA
CBHW070522100426
42743CB00010B/1907